LES PLUS GRANDES THÉORIES DE CONSPIRATION ET SOCIÉTÉS SECRÈTES DU MONDE

La vérité sous l'épais voile de la tromperie : le
nouvel ordre mondial, les maladies mortelles causées par
l'homme, le
symbolisme
occulte
, les Illuminati, et plus encore !

Jean Martin

TABLE DES MATIÈRES

INTRODUCTION

Dalgré ses réticences, le président Barack Obama a inauguré la nouvelle année le 31 décembre 2011 en signant le National Defense Authorization Act, qui accorde au gouvernement des pouvoirs étendus pour détenir, interroger et punir ses citoyens. En vertu de cette nouvelle loi, les agences gouvernementales peuvent ordonner l'emprisonnement indéfini de citoyens américains sans inculpation ni procès, l'éventuelle détention militaire de citoyens ordinaires qui échapperaient normalement au contrôle de l'armée, et le transfert au ministère de la Défense des pouvoirs d'application de la loi, des pouvoirs pénaux et des pouvoirs de détention actuellement détenus par le ministère de la Justice. Selon le sénateur américain Lindsey Graham, l'un des principaux partisans de la législation, "la patrie fait partie du champ de bataille" dans la lutte mondiale contre le terrorisme.

Depuis la fin de la guerre froide et la chute de l'Union soviétique en 1991, le peuple américain est de plus en plus convaincu que son gouvernement lui ment et conspire contre lui. Rick Ross, dont l'Institut Ross du New Jersey étudie les conspirations, a constaté qu'un nombre croissant d'Américains pensent que des forces manipulatrices sont à l'œuvre dans les coulisses de leur gouvernement.

Les théoriciens de la conspiration réagissent rapidement en affirmant qu'il existe plusieurs raisons d'accuser le gouvernement d'effectuer des opérations louches en coulisses. Alors que seuls quelques dénonciateurs - officiellement qualifiés de "fous et de dissidents" - ont tenté de mettre en garde le grand public contre les agences gouvernementales secrètes, il a été révélé par la suite qu'à la fin des années 1940, dans les années 1950 et dans les années 1960, le COINTELPRO du FBI avait pour ordre de diffamer, de déshonorer et d'éliminer les manifestants, les groupes politiques radicaux et les marcheurs de la liberté par tous les moyens nécessaires. Le programme MK-ULTRA, maléfique et top secret, de la CIA, a entrepris d'odieuses expériences de lavage de cerveau et d'altération de l'esprit qui ont peut-être créé l'Unabomber ainsi que les assassins idéaux.

En 1950, lorsque les armes nucléaires n'en étaient encore qu'à leurs balbutiements, le ministère de la défense faisait exploser des engins atomiques dans des régions désertiques avant de surveiller les citoyens sans méfiance des villes situées sous le vent de l'explosion afin de détecter les problèmes médicaux et les taux de mortalité.

Plus d'un million de personnes ont été exposées à la guerre bactériologique en 1966.

Des scientifiques de l'armée américaine ont déposé des ampoules remplies de bactéries sur les grilles de ventilation du métro de New York.

Les auditions du Sénat en 1977 ont montré que 239 endroits densément peuplés, dont San Francisco, Washington, D.C., Key West, Panama City, Minneapolis et St. Louis, avaient été pollués par des agents biologiques entre 1949 et 1969.

Des preuves sont apparues en 1995 indiquant que les armes biologiques utilisées pendant la guerre du Golfe ont été développées à Houston et à Boca Raton et testées sur des détenus du Texas Department of Corrections.

4

Dans les années qui ont suivi la destruction du World Trade Center le 11 septembre 2001, Mike Ward de PopMatters (3 janvier 2003) a décrit "probablement l'explosion la plus stupéfiante de "théories de la conspiration" de l'histoire américaine". Les conjectures furieuses, centrées principalement sur les affaires sales du gouvernement, les objectifs inavoués et les soupçons de coopération dans les attaques, ont atteint un niveau qui dépasse facilement celui qui a suivi l'assassinat de Kennedy".

Les théories du complot sont souvent criblées de contradictions internes, et les personnes normales en rejettent certaines comme étant absolument bizarres et insensées. Souvent, la vérité se trouve quelque part au centre, et le rôle du chercheur diligent est de prendre une décision éclairée. Malheureusement, ceux qui veulent dominer et influencer les autres risquent d'avoir le dernier mot si certaines théories du complot sont rejetées comme étant trop sauvages et farfelues pour mériter d'être prises en considération.

Les théoriciens du complot craignent que les yeux et les oreilles de Big Brother ne soient de plus en plus actifs dans tout le pays.

Des caméras apparaissent au coin des rues aux États-Unis et dans d'autres pays comme l'Angleterre. Elles sont apparemment là pour aider la police à scanner les plaques d'immatriculation des voitures volées, à appréhender les voleurs et à échapper aux tueurs. En outre, de nombreuses caméras sont dotées de capacités de reconnaissance faciale et peuvent recouper tout citoyen suspecté de comportement antisocial ou même de délits mineurs dans une vaste base de données.

Les puces d'identification par radiofréquence (RFID), de la taille d'un grain de sable, sont utilisées pour suivre la fréquentation et les déplacements des enfants à l'école, les tendances des ventes de produits de détail et les habitudes des ouvriers de fabrication. Selon certains rapports, il est prévu d'implanter une puce dans tous les nourrissons des États-Unis et d'Europe.

Les agents du gouvernement peuvent facilement surveiller à la fois les téléphones fixes et les téléphones mobiles.

Un anachronisme fait un appel privé. Le FBI a été contraint de révéler qu'il surveille régulièrement les émissions de radio sur Internet dans tous les États-Unis, ainsi que les habitudes en matière de courrier électronique et de navigation sur Internet.

Même le citoyen américain moyen, plus intéressé par le sport et le paiement des factures que par la politique et les conspirations, peut être mal à l'aise face au fait que le National Defense Authorization Act a étendu les pouvoirs du Patriot Act et que trois candidats républicains à la présidence soutiennent ouvertement le waterboarding comme outil d'interrogation. Jusqu'où le gouvernement irait-il en utilisant ses nouveaux pouvoirs pour forcer une personne accusée de trahison ou de terrorisme à plaider en faveur de ces accusations ?

Dès sa création, l'Amérique a été un terrain propice aux conspirations et aux groupes secrets. Par exemple, Christophe Colomb avait des vues apocalyptiques, affirmant avoir eu une vision de la fin du monde en 1650 et que son but divin était de localiser un nouveau continent qui serait le site du nouveau ciel et de la nouvelle terre prophétisés par saint Jean dans le livre de l'Apocalypse. Dans les années 1600, le maître franc-maçon Sir Francis Bacon pensait que l'Amérique était la nouvelle Atlantide, apportant un nouvel ordre mondial qui ramènerait tous les humains au paradis terrestre de l'âge d'or.

Les conspirations mesquines concernant des concurrents politiques ou des entreprises sont aussi anciennes que le cerveau humain, écrit Daniel Pipes dans le magazine Front-Page (13 janvier 2004). En revanche, les inquiétudes concernant de vastes conspirations, comme une organisation secrète complotant pour s'emparer du globe, remontent à 900 ans à peine et sont "opérationnelles depuis à peine deux siècles, depuis la Révolution française". Alors que Madame Guillotine rasait les têtes royales, certains habitants attribuaient la révolution aux machinations politiques des Illuminati bavarois et à leur emprise sur les Jacobins.

La peur de ces conspirations et de ces groupes mystérieux a rempli l'histoire américaine de mises en garde contre les machinations cachées des francs-maçons, des sionistes, des catholiques romains, des communistes, des banquiers mondiaux, des Bilderberg, des Illuminati, du gouvernement secret, des New Agers et des invasions extraterrestres. Les théories du complot se sont transformées en histoires auto-réalisatrices d'intrigues infâmes responsables des meurtres d'Abraham Lincoln, de James Garfield, de John F. Kennedy, de Robert F. Kennedy, de Martin Luther King Jr, de Malcolm X et de la princesse Diana.

Diana, princesse de Galles Selon les sondages, une proportion croissante d'Américains estime ne pas avoir reçu la vérité sur Pearl Harbor, le golfe du Tonkin, l'attentat d'Oklahoma City, les incendies de Waco ou les tours jumelles du 11 septembre.

Parfois, il semble que ces paranoïaques aient raison. Lorsque des conspirations comme celles mentionnées ci-dessus s'avèrent réelles ou partiellement exactes, l'hypothèse selon laquelle il y a un noyau de vérité même dans la théorie du complot la plus farfelue semble également vraie. Michael Barkun, politologue à l'université de Syracuse et auteur de A Culture of Conspiracy : Apocalyptic Visions in Contemporary America (2003), pense que toute théorie du complot repose sur trois principes : Rien n'est le fruit du hasard ; rien n'est ce qu'il semble être ; tout est interconnecté. Selon Barkun, le cœur des théories du complot "réside dans les efforts pour distinguer et expliquer le mal." Barkun affirme également que les théories du complot actuelles ont connu un nouveau développement significatif, incorporant l'occulte, l'hérétique et le démodé, comme le spiritualisme, l'alchimie et la théosophie.

Avec l'avènement d'Internet, n'importe qui peut devenir un théoricien de la conspiration et diffuser à travers le monde des accusations non réglementées, non contestées, de corruption gouvernementale, de propagande raciale ou d'enlèvement extraterrestre. Rien que sur Google, il existe des centaines de sites Web actifs consacrés aux théories du complot et aux organisations secrètes. Partager des histoires de conspirations et d'organisations secrètes s'apparente à la diffusion de ragots désagréables. Il est nécessaire de savoir ce qui est factuel et ce qui n'est que le reflet des préjugés et des opinions de quelqu'un d'autre.

Depuis de nombreuses années, nous étudions et examinons l'immense impact des théories du complot sur la société et la façon dont les opinions des gens peuvent être influencées, en bien ou en mal, par la diffusion d'idées, de théories et de croyances spécifiques. Bien que ce livre semble capturer les visages les plus sombres de l'histoire de l'humanité, les images qui émergent dans les miroirs sombres reflétant les descriptions de l'agitation, de la confusion et de la tromperie au fil des ans, nous avons fait de notre mieux pour aborder ce travail de manière objective. Nous ne croyons à aucune théorie du complot et n'appartenons à aucune société secrète. C'est au lecteur de choisir si ce livre est un ouvrage d'amusement ou d'illumination, un mot d'étonnement ou un mot d'avertissement.

SIDA/VIH

Selon les théoriciens de la conspiration, le SIDA n'est pas né en Afrique.
mais plutôt dans les laboratoires secrets du gouvernement qui ont développé cette
arme et d'autres
armes biologiques odieuses.

La première femme africaine à recevoir le prix Nobel de la paix, l'écologiste kenyane Wangari Maathai, a profité des projecteurs du monde entier pour affirmer que le virus du sida était une arme biologique conçue intentionnellement et utilisée à des fins de guerre. Elle a rejeté l'hypothèse selon laquelle le sida (syndrome d'immunodéficience acquise) serait né chez les singes, soulignant que les Africains vivaient à proximité des singes depuis des temps immémoriaux. Mais, a-t-elle noté, on ne peut nier la triste vérité : sur les 38 millions de personnes atteintes du sida dans le monde, 25 millions sont des Africains, dont la grande majorité sont des femmes.

Les femmes constituent la majorité des Africains touchés par la maladie.

Le département d'État des États-Unis a salué le triomphe de Mme Maathai au prix Nobel de la paix, mais n'était pas d'accord avec ses déclarations selon lesquelles le virus de l'immunodéficience humaine (VIH), responsable du sida, a été créé comme arme biologique dans un laboratoire occidental dans le but d'une extinction massive. Si l'on peut s'attendre à une telle déclaration de la part du Département d'État, les théoriciens du complot ne manquent pas de souligner que l'un des principaux objectifs du Nouvel Ordre Mondial et de ses agents travaillant dans l'ombre derrière chaque gouvernement dans le monde est de réduire le nombre de personnes au pouvoir. d'augmenter substantiellement la population mondiale

Le Dr Robert Gallo, du National Cancer Institute, et Luc Montagnier, de l'Institut Pasteur de Paris, ont affirmé avoir découvert le virus du sida en 1984. Un procès a été intenté en 1987 pour résoudre le différend. Cependant, les découvreurs du virus n'ont jamais été d'accord sur l'origine du virus ou la genèse du sida. Montagnier pensait que les origines du virus étaient inconnues et qu'il était essentiel de faire la distinction entre les débuts du virus et la pandémie de SIDA. Gallo, le plus puissant des deux experts, a affirmé que le virus descendait d'un parent viral commun observé chez les animaux et qu'il a été transmis à l'homme par l'intermédiaire des singes. Gallo a déclaré qu'en 1983, un an avant qu'il ne découvre le virus, Ann Giudici Fettner, un écrivain indépendant qui avait vécu en Afrique, l'avait informé que les singes verts d'Afrique centrale étaient responsables du sida. Cependant, dans son livre La vérité sur le sida, Fettner ne mentionne jamais les singes verts et insiste sur sa conviction que le sida a commencé en Amérique. Malgré l'absence d'études scientifiques pour étayer la thèse du singe vert de Gallo, cette explication est restée populaire dans les médias et auprès du grand public jusqu'à la fin des années 1990, lorsqu'un autre groupe de scientifiques américains a affirmé avoir découvert l'origine du virus dans une sorte de chimpanzé.

De nombreux théoriciens de la conspiration n'ont jamais accepté la théorie du "out of Africa" et du singe vert, du chimpanzé ou de la chèvre pour l'origine du SIDA. Les premiers hommes homosexuels ont été diagnostiqués avec une "maladie d'immunodéficience" en 1979. Au cours de la première année de la pandémie, les victimes étaient toutes jeunes, blanches pour la plupart, en bonne santé auparavant, très instruites et de mœurs légères - et elles résidaient toutes à Manhattan. En 1980, la maladie s'est étendue aux homosexuels masculins de San Francisco, Los Angeles, Denver, St. Louis et Chicago. En juin 1981, une pandémie officielle de SIDA a été annoncée. Avant cette période, le sida était inconnu en Afrique, et la pandémie n'y a commencé que fin 1982. Gallo est devenu mondialement célèbre pour avoir découvert les singes verts en Afrique, hébergeant la maladie pendant des générations avant la pandémie de 1984.

Cependant, une question de temps qui laisse perplexe a été soulevée. Si les premiers cas de SIDA ont été signalés aux Centers for Disease Control (CDC) en 1979, devons-nous penser que tous les hommes homosexuels de Manhattan qui ont attrapé la maladie venaient d'aller en Afrique et d'être mordus par des singes verts ? Ou bien y a-t-il un lien entre les études sur l'hépatite B parrainées par le gouvernement qui ont commencé avec des hommes homosexuels de Manhattan en 1978, l'année précédente ?

La pandémie de VIH qui a éclaté en 1979 ? En 1980, le gouvernement a financé des études comparables sur l'hépatite B à San Francisco, Los Angeles, Denver, St Louis et Chicago. Le vaccin expérimental administré à tous ces homosexuels aurait été créé sur des chimpanzés.

Au début des années 1970, des histoires ont commencé à circuler sur des recherches secrètes du gouvernement en matière de guerre biologique et sur des scientifiques qui entreprenaient des opérations de "saut d'espèces", notamment en mélangeant des virus et en les introduisant dans des cultures cellulaires animales et humaines. Le président Richard Nixon a fusionné la division de guerre biologique de l'armée américaine à Fort Detrick, dans le Maryland, avec l'Institut national du cancer en 1971. Bien que cette initiative ait été présentée au public comme faisant partie de la "guerre contre le cancer" du président, elle a également permis de lier les opérations d'ADN et de génie génétique de l'armée à la recherche anticancéreuse et aux études de biologie moléculaire. En outre, les programmes de recherche sur le cancer entrepris par des entreprises commerciales ont été intégrés aux efforts de recherche anticancéreuse réalisés par la CIA, les Centres de contrôle et de prévention des maladies et l'Organisation mondiale de la santé. Au fur et à mesure que la recherche avançait, des centaines de nouveaux hybrides de laboratoire, de virus recombinants et mutants ont été développés. Quelques scientifiques conscients de leurs responsabilités sociales ont commencé à avertir les autres que certains virus nouvellement développés pouvaient être extrêmement dangereux s'ils sortaient du laboratoire. Enfin, grâce aux efforts de quelques dénonciateurs, la nouvelle se répandit que les scientifiques du gouvernement avaient créé un agent biologique synthétique qui n'existait pas à l'état naturel et contre lequel aucune immunité naturelle ne pouvait être établie.

La connaissance de ce qui avait été accompli a rapidement été transmise à d'autres chercheurs gouvernementaux dans le monde entier. Le médecin danois Johannes Clemmesen a averti en 1973 que la transmissibilité de ces agents viraux génétiquement modifiés pourrait déclencher une épidémie mondiale de cancer si jamais ils s'échappaient du laboratoire. Puis, en 1979, sa prédiction s'est réalisée avec l'apparition du sida au sein de la communauté homosexuelle de Manhattan.

Bien que la plupart des gens acceptent l'explication de Robert Gallo selon laquelle la pandémie de SIDA est la conséquence du croisement d'espèces par un virus de singe, les théoriciens de la conspiration ont produit leurs théories sur le SIDA/VIH. Voici quelques-unes des hypothèses les plus persistantes :

- The River : A Journey to the Source of HIV-AIDS, d'Edward Hopper, avance l'idée que le VIH est né du SIV (virus de l'immunodéficience simienne), présent chez les chimpanzés. Hopper décrit un scénario dans lequel le méchant est le Dr Hilary Koprowski, un virologue travaillant pour Wistar à Philadelphie.

- Au début des années 1950, l'Institut de recherche utilisa une culture de reins de chimpanzés préparée à la hâte pour créer un million de doses d'un vaccin oral destiné à une vaste campagne expérimentale de vaccination contre la polio au Congo belge. La pression exercée par l'entreprise pharmaceutique sur Koprowski pour qu'il devance les docteurs Salk et Sabin et mette sur le marché le premier vaccin antipoliomyélitique accessible dans le commerce l'a incité à se dépêcher et à exécuter la vaccination de masse.

- Dans les années 1970, l'Organisation mondiale de la santé, contrôlée par le Nouvel ordre mondial, a délibérément administré des vaccins contaminés à des individus dans les pays du tiers-monde, provoquant ainsi la pandémie de SIDA. À l'origine, l'Afrique était visée par une opération d'éradication de la variole, de sorte que l'on a pu établir plus tard le lien entre le sida et l'Afrique.

- Vers 1977, des scientifiques militaires américains de Fort Detrick ont créé le VIH en fusionnant les virus Visna et HTLV. Le virus a été testé sur des condamnés qui ont accepté de se le faire injecter en échange d'une libération anticipée. Le virus s'est propagé de ces criminels libérés à une population plus large, notamment à la communauté LGBT.

- Le KGB soviétique a produit les virus et a fait circuler des informations erronées suggérant que la CIA était derrière la propagation de la maladie.

- Le SIDA est le résultat de la recherche sur la guerre biologique menée par le gouvernement des États-Unis dans le but explicite d'éliminer le surplus de population parmi les Noirs, les homosexuels et d'autres groupes sociaux.

- Dr Alan Cantwell (AIDS and the Doctors of Death : An Inquiry into the Origins of the AIDS Epidemic et Queer Blood : The Secret AIDS Genocide Plot) pense que le VIH est un virus génétiquement modifié qui a été introduit dans la population gay et bisexuelle par les scientifiques du gouvernement américain entre 1978 et 1981 à Manhattan, Los Angeles, St. Louis, Denver et Chicago sous couvert d'expériences sur l'hépatite B.

- Le Dr Gary Glum (Full Disclosure) affirme avoir reçu des informations top secrètes selon lesquelles le virus du SIDA a été produit au Cold Spring Harbor Laboratory à Cold Spring Harbor, New York. L'Organisation mondiale de la santé et la Croix-Rouge participent au complot visant à propager le

SIDA, lancé en 1978 dans le cadre du plan plus vaste de contrôle de la population des Illuminati et du Nouvel Ordre Mondial. Glum prévient que le virus se transmet beaucoup plus facilement que ne le suggèrent les dossiers médicaux et qu'il peut être transmis par les baisers, les piqûres de moustiques et les contacts occasionnels. Le Dr Glum affirme en outre que la société Upjohn Pharmaceuticals possède divers remèdes médicinaux contre le sida, mais que le gouvernement a interdit la diffusion de ces médicaments.

- La Nation of Islam et le New Black Panther Party, dirigé par Louis Farrakhan, ont accusé les médecins juifs d'avoir inventé le sida pour exterminer les Noirs dans le monde entier.

- Dr Leonard G. Horowitz (Virus émergents : AIDS and Ebola-Nature, Accident, or Intentional ? et Death in the Air : Globalism, Terrorism, and Toxic Warfare) émet la théorie que le SIDA a été conçu par des entreprises de défense du gouvernement américain, telles que Litton Bionetics, pour cibler les Juifs, les Noirs et les Hispaniques, qui seraient les premiers à être éliminés dans le cadre d'un programme massif de contrôle de la population.

WOODPECKER

Le tap-tap-tap secret du "pivert" russe a diffusé des ELF sur les communautés côtières américaines.
communautés côtières, déclenchant la panique, la tristesse,
et des suicides parmi les habitants.

Les avertissements selon lesquels des sous-marins soviétiques émettaient des ondes ELF sur les villes côtières américaines ont alarmé les théoriciens du complot en 1975 et dans les années qui ont suivi. (ELF, ou extrêmement basse fréquence, fait référence à la gamme de fréquences radio de 3 à 300 Hz). Les théoriciens du complot affirment que ces basses fréquences ont provoqué des maladies, des migraines, des dépressions et même des suicides parmi la population côtière. Les appareils d'écoute ont capté le signal ELF, qui a été caractérisé comme un "tap, tap, tap, tap, tap" ressemblant beaucoup à un pic qui tape sur un arbre.

Une étude neuro-médicale russe secrète a montré que chaque humeur, idée ou émotion que les gens ressentent a son propre ensemble de fréquences cérébrales. Les scientifiques et psychologues russes ont établi une liste exhaustive de ces processus cérébraux avec leur fréquence spécifique. Les sous-marins pouvaient envoyer des ondes ELF de colère, de suicide, d'hystérie, de désir, de psychose ou de désespoir à des centaines, voire des milliers, de victimes involontaires depuis les eaux troubles de la côte américaine. Les sous-marins soviétiques ne tentaient pas d'éradiquer tout le pays. S'ils parvenaient à créer des troubles neurologiques chez les habitants des côtes, ce serait la preuve que le cerveau humain peut être manipulé, même à distance, en utilisant des ELF véhiculées par des microfaisceaux modulés par impulsions. Eugene, Oregon, États-Unis

C'est l'une des villes où les impulsions ELF "pivert" des Soviétiques sur les rythmes cruciaux des ondes cérébrales ont eu un impact significatif.

Il était bien connu que la marine américaine utilisait les ELF pour communiquer avec les sous-marins. En raison de la conductivité électrique de l'eau salée, la plupart des signaux électromagnétiques ne peuvent atteindre les véhicules sous-marins. Les ELF sont rarement utilisées dans les communications quotidiennes car leur très faible taux de transmission nécessite l'installation d'une très grande antenne de plusieurs kilomètres.

Selon les théoriciens de la conspiration, les scientifiques de l'armée américaine ont commencé à comprendre que le "pic" était plus qu'une simple hystérie de la guerre froide. La marine a finalement engagé plus de 25 millions de dollars dans la recherche sur les ELF. Il n'a pas fallu longtemps pour que l'Amérique ait sa flotte de "pics" parcourant les côtes des pays du bloc soviétique.

Le sénateur américain Gaylord Nelson a ensuite poussé la marine à publier ses études prouvant que les émissions ELF peuvent modifier la chimie du sang humain. Les docteurs Susan Bawin et W. Ross Adey ont démontré en 1976 que les champs ELF ont un impact sur les cellules nerveuses.

Des lueurs anormales inhabituelles, des éclairs étranges et de mystérieux phénomènes de plasma ont été observés dans le ciel entourant les sites d'émission des pics en URSS au cours de l'été 1977. Selon le Washington Post (23 septembre 1977), une "étrange boule de lumière ressemblant à une étoile" a été repérée dans le ciel de Petrozavodsk, en Carélie soviétique, "se répandant comme une méduse et déversant des rayons lumineux."

Le gouvernement des États-Unis a construit et entretenu deux sites dans la forêt nationale de Chequamegon dans le Wisconsin et dans la forêt d'État d'Escanaba dans le Michigan, chacun utilisant des lignes électriques comme antennes sur une longueur de quatorze à vingt-huit miles. Les écologistes se sont inquiétés des conditions environnementales et des problèmes de santé humaine causés par les grandes quantités d'énergie produites et libérées par les ELF. En 1984, un tribunal fédéral a ordonné la suspension du développement jusqu'à ce que des recherches supplémentaires puissent être menées et examinées.

Pendant les inondations massives qui ont arrosé le Midwest en 1993, beaucoup ont vu d'"étranges éclats de lumière" qui se déversaient "du sommet des nuages d'orage dans le ciel supérieur". Selon le Kansas City Star, ces étranges éclats de lumière ressemblaient à des "méduses". Le 24 septembre 1993, le journal a déclaré que les éclairs lumineux étaient "les plus brillants là où ils culminent - typiquement à environ 40 miles de haut - de sorte que vous avez le corps de la méduse au sommet avec des tentacules qui descendent".

Les antennes des sites ELF de Chequamegon et d'Escanaba ont reçu l'ordre de les mettre hors service en 2004. Selon les théoriciens de la conspiration, cela ne fait aucune différence si le gouvernement démolit les deux sites. HAARP surpasse de loin ces satanés pics russes et américains en termes de contrôle du temps et de domination militaire mondiale.

AUM SHINRIKYO (VÉRITÉ SUPRÊME)

Asahara Shoko a contribué à la réalisation de ses prophéties apocalyptiques en demandant à ses adeptes de lâcher du gaz neurotoxique sarin dans les stations de métro de Tokyo.

Asahara Shoko (né Chizuo Matsumoto) a fondé Aum Shinrikyo, une secte comptant des centaines d'adeptes, en 1987. Shoko/Matsu moto prétendait avoir atteint l'illumination alors qu'il était seul dans les montagnes de l'Himalaya en Inde en 1986. Il a reçu le nom sacré d'Asahara Shoko, une nouvelle religion nommée Aum (sanskrit pour les forces de destruction et de création), Shinrikyo (enseignement de la plus haute vérité), et une mission pour enseigner la vérité sur la création et la destruction de l'univers. En outre, les excellents efforts d'Aum empêcheraient l'Apocalypse de se produire. Suite à une opposition considérable, le

Au Japon, l'organisation a été reconnue comme un organisme religieux.

Asahara Shoko s'est fortement inspirée de l'Apocalypse de la Bible chrétienne, des prophéties de Nostradamus, des enseignements bouddhistes tibétains sur la transmigration et de différents thèmes et divinités hindous. La principale divinité d'Aum est Shiva, le dieu hindou de la dévastation. Au départ, Asahara a demandé à ses disciples de s'efforcer de transformer la mauvaise énergie en bonne énergie. Pour échapper à la dévastation de la guerre nucléaire, trente mille étudiants doivent faire l'expérience d'une véritable émancipation spirituelle par le biais de ses enseignements.

Peu d'étrangers se rendaient compte qu'Asahara avait un grand complot pour s'emparer du Japon et, à terme, de la planète. Le Shinto (Parti de la vérité suprême), un nouveau parti politique fondé par Aum, a présenté vingt-cinq candidats aux élections législatives japonaises de 1990. Si les vingt-cinq candidats du Shinrito n'avaient pas été battus à l'élection, les choses auraient pu être différentes. Au lieu de cela, Asahara a commencé à avoir des visions apocalyptiques soulignant la fin imminente de la planète. L'une des terrifiantes prophéties du royaume des esprits prédit que les États-Unis déclencheront la troisième guerre mondiale avec le Japon, ce qui marquera le début de l'Armageddon.

Asahara a insisté auprès de ses partisans sur le fait qu'ils devaient agir rapidement pour prendre le contrôle du Japon à l'approche d'une telle catastrophe. Selon l'un des principes du système de croyance d'Aum, les adeptes peuvent atténuer leur karma négatif en subissant différents types d'épreuves. En effet, il semblait naturel que les non-croyants puissent être aidés à effacer leur karma négatif si Aum pouvait les aider dans leur souffrance, voire leur mort.

Aum a provoqué une série d'incidents chimiques étranges au Japon en 1994. Des nuages de gaz neurotoxique sarin ont tué sept personnes et en ont blessé des centaines d'autres dans la région de Kita-Fukashi, dans le centre du Japon. Le 20 mars 1995, à l'heure de pointe du matin à Tokyo, dix membres haut placés de la secte Aum sont montés à bord de cinq rames de métro dans des stations différentes et ont lâché du sarin à une heure prédéterminée, tuant douze personnes et en blessant des milliers d'autres. La police de Tokyo a enquêté sur la secte et découvert qu'entre octobre 1988 et mars 1995, Asahara aurait ordonné la mort de trente-trois membres d'Aum qui défiaient ses directives ou voulaient quitter la secte. En mai 1995, les autorités japonaises ont arrêté Asahara et 104 de ses adeptes.

En octobre 1995, le gouvernement japonais a retiré sa reconnaissance de la secte Aum en tant qu'organisation religieuse. Pourtant, en 1997, un comité gouvernemental a choisi de ne pas appliquer la loi antisubversive du pays contre le groupe, ce qui aurait interdit la secte. Toutefois, en raison des craintes que la secte Aum ne commette de nouveaux actes terroristes, une loi adoptée en 1999 a autorisé le gouvernement à maintenir une surveillance policière de l'organisation. En juillet 2001, les autorités russes ont appréhendé un groupe de partisans russes de la secte Aum qui avaient l'intention de faire exploser des explosifs près du Palais impérial de Tokyo pour libérer Asahara et le transférer en Russie.

Aum a changé son nom en Aleph ("recommencer") en janvier 2000, sous la direction de Fumihiro Joyu, et a affirmé avoir répudié les pratiques violentes et sectaires d'Aum.

Les doctrines apocalyptiques de son fondateur, Cependant, au début de 2005, les autorités japonaises ont fait une descente dans quatre lieux liés à la secte. À l'intérieur de l'un d'eux, elles ont découvert un détecteur Geiger et un bunker en béton en grande partie construit sur deux niveaux. De nombreux Japonais inquiets se sont demandé si ce lieu n'était pas destiné à prendre le contrôle des installations complexes situées près du mont Fuji, où Aum Shinrikyo produisait autrefois du gaz sarin et torturait et incinérait ses membres rebelles.

LOUIS BEAM

Louis Beam est devenu un loup solitaire terroriste contre le gouvernement, qu'il considérait comme traître à la race blanche.

Louis Beam (1946-), l'une des figures les plus puissantes et les plus explosives de l'extrême droite, est souvent considéré comme le premier praticien important du type d'activité "loup solitaire" ou "résistance sans chef". Beam s'est d'abord engagé en tant que membre du Klansman, puis en tant que néo-nazi ayant des liens avec l'identité chrétienne. Pendant plus de trois décennies, il a mené une campagne agressive contre un gouvernement qu'il considère comme corrompu.

Despotique et sous la direction d'une conspiration juive multinationale.

Beam a grandi à Lake Jackson, au Texas, au milieu de la ségrégation dans le Sud. Après un service de dix-huit mois au Vietnam, il est retourné au Texas en 1968 et a rejoint le chapitre texan des United Klans of America (UKA), dirigé par le grand dragon texan Frank Converse.

Beam quitte l'UKA en 1976 pour rejoindre les Chevaliers du Ku Klux Klan (KKK) de David Duke, où il est chargé de former les membres du KKK à la guérilla.

Beam s'inquiète de plus en plus de la diminution du nombre de membres du mouvement suprématiste blanc, et son objectif personnel est de revitaliser le Klan d'une manière ou d'une autre. En 1978 et 1979, il recrute des membres du Klan parmi les soldats de l'armée américaine à Fort Hood, au Texas, et en 1980, Duke l'élève au rang de grand dragon du KKK texan.

En 1981, Beam a déclenché des tensions majeures entre les travailleurs vietnamiens réfugiés travaillant dans l'industrie de la crevette et les pêcheurs locaux qui se partageaient les eaux de la côte du Golfe dans la région de Galveston Bay au Texas. Le cri de guerre était "White Power ! Nous allons nous battre !" Beam a envoyé des Klansmen armés pour défendre le pêcheur texan tout en harcelant les pêcheurs réfugiés et les autres familles vietnamiennes des environs.

En collaboration avec le Southern Poverty Law Center, l'Association des pêcheurs vietnamiens a déposé une injonction pour faire cesser le harcèlement du Klan. Un juge de district américain s'est prononcé en faveur des plaignants en mai 1981, ordonnant à Beam et à ses hommes de cesser de participer à des actes illégaux de violence et d'intimidation.

Beam a quitté son poste de grand dragon du Texas pour devenir ambassadeur des Nations aryennes de Richard Butler. Alors qu'il résidait au siège des Nations aryennes à Hayden Lake, dans l'Idaho, Beam a créé un réseau informatique complexe pour diffuser plus efficacement la propagande raciste et antisémite. Beam a également conçu le tristement célèbre "système de points" d'assassinat, qui attribuait des points aux assassins potentiels en fonction de la valeur de leurs cibles. Lorsque le malade Butler choisit de se retirer, tout indique que Beam prendra la tête des Nations aryennes.

Beam et treize autres personnes ont été inculpés par un grand jury fédéral à Fort Smith (Arkansas) le 24 avril 1987, notamment pour avoir fait exploser un centre communautaire juif à Bloomington

(Indiana), tenté de faire sauter un gazoduc à Fulton (Arkansas), acheté des armes à feu et des explosifs au Missouri et en Oklahoma, et volé plus de 4 millions de dollars dans des banques et des véhicules blindés.

Dans l'État de Washington, Beam s'est enfui au Mexique en utilisant le nom de code "Lonestar" avant la publication de l'acte d'accusation. Beam a été appréhendé et remis aux enquêteurs américains le 6 novembre 1987, après une altercation avec la police judiciaire fédérale mexicaine à Guadalajara qui a laissé un officier gravement blessé.

Beam choisit de se défendre au tribunal avec l'aide de Kirk Lyons, un avocat réputé pour sa sympathie envers les clients de la droite radicale. Après sept semaines de témoignages et vingt heures de délibération, le jury acquitte Beam et ses coaccusés de tous les chefs d'accusation le 7 avril 1988, infligeant une défaite significative aux efforts du gouvernement fédéral pour contrôler l'extrême droite tout au long des années 1980.

Beam salue l'établissement de la "Fresh Right", un mouvement qui associe l'identité chrétienne à "la formation d'un État national pour l'homme blanc, une république aryenne dans les limites du pays occupé existant", rempli d'une nouvelle confiance en sa cause et d'un mépris envers le gouvernement fédéral. Simultanément, Beam relie l'extrême droite américaine aux "mouvements de liberté" en Syrie, en Libye, en Iran et en Palestine. Le leader palestinien Yasser Arafat, selon Beam, était un personnage particulièrement admirable.

Le faisceau a été largement considéré comme l'une des personnalités les plus importantes du radicalisme américain au cours de la première moitié des années 199Cependant, il. Il est progressivement tombé en disgrâce auprès des extrémistes du mouvement parce qu'il donnait la priorité à la purification du pays des péchés du gouvernement fédéral avant l'antisémitisme. On l'a également entendu tenir des propos antinazis.

Dans une lettre d'octobre 1996 adressée à ses partisans, Beam a indiqué que dix ans s'étaient écoulés depuis son arrestation, son procès et sa libération à Fort Smith, en Arkansas. Il avait donné dix ans de plus à la cause, et il prévoyait maintenant de consacrer à sa famille le reste de sa vie. En outre, il a avoué pour la première fois qu'il avait été exposé à l'agent orange pendant son service au Vietnam et que sa santé se détériorait.

Beam concentre désormais son énergie exclusivement sur son site web.

GRAND FRÈRE

Selon les théoriciens de la conspiration, l'avertissement n'est plus une allusion littéraire.
allusion littéraire - Big Brother nous surveille.

Le roman classique 1984 dépeint un avenir sombre dans lequel un gouvernement totalitaire connu sous le nom de "Parti" exerce un contrôle total sur ses citoyens à tout moment. Nombreux sont ceux qui considèrent que cette œuvre est une vision prophétique presque parfaite d'un avenir extrêmement sombre et terrible de George Orwell, qui semble se dérouler sous nos yeux au XXIe siècle.

Nous pouvons désormais gouverner et surveiller tout le monde grâce à des tactiques de lavage de cerveau, aux médias (y compris la télévision, les films et les gadgets de type informatique qui émettent de la propagande), à des systèmes de localisation et d'espionnage qui suivent tous nos mouvements, et même à la capacité de voir et d'entendre à travers les murs. Cependant, la plupart de ces éléments n'existaient pas en 1949, lorsque Orwell a écrit à leur sujet.

Dans le livre d'Orwell, "Big Brother", le chef suprême du Parti est associé à une société totalitaire dans laquelle les entreprises et le gouvernement nous privent de notre liberté, de notre vie privée et de notre capacité à penser par nous-mêmes, et nous gouvernent avec un pouvoir et un contrôle illimités. La devise du Parti, "Big Brother Is Watching You", est constamment diffusée dans et par tous les médias du livre. Il n'y a nulle part où se cacher puisque les bannières, les affiches, les écrans de cinéma et de télévision, les ordinateurs portables, les timbres, etc. sont partout.

Les pièces de monnaie, et même la transmission d'idées, communiquent toutes la proclamation de la domination totale de Big Brother. Par extension, les expressions "Big Brother" et "Big Brother Is Watching You" sont devenues omniprésentes pour désigner toute conspiration visant à instaurer un gouvernement mondial unique.

MAE BRUSSELL

Des années d'enquête approfondie ont persuadé Mae Brussell que le meurtre de Kennedy, la CIA et l'Allemagne nazie faisaient partie d'un réseau mondial d'organisations secrètes.

Après dix-sept ans d'émissions radiophoniques fougueuses, Mae Brussell est devenue la reine de la radio pour ses nombreux adeptes. Elle a averti ses auditeurs qu'un gouvernement fantôme gouvernait secrètement les États-Unis.

Les théoriciens de la conspiration sont ceux qui croient aux conspirations.

Mae Magnin est née à Beverly Hills en 1922, fille du célèbre rabbin Edgar Magnin du temple de Wilshire Boulevard et arrière-petite-fille d'Isaac Magnin, fondateur des magasins de vêtements I. Magnin. Mae était mariée, avait cinq enfants et vivait en Californie du Sud en 1963. Elle était persuadée que Lee Harvey Oswald n'avait pas pu commettre l'assassinat de John F. Kennedy.

Après avoir participé à l'assassinat de John F. Kennedy en tant que loup solitaire, elle a cessé d'être une femme au foyer et une mère pour se consacrer à la recherche d'indices sur les meurtres de Kennedy et d'Oswald et devenir une théoricienne de la conspiration. Mae a acheté le rapport en vingt-six volumes de la Commission Warren sur les meurtres et a commencé à lire, classer et recouper des documents provenant d'un large éventail de livres, de journaux et de documents officiels.

Après des années d'enquête rigoureuse, Mae a déterminé que

l'assassinat de Kennedy présentait des liens avec la CIA et l'Allemagne nazie, ainsi qu'avec un large éventail d'organisations et d'événements modernes et historiques à travers le monde. Il lui a semblé que le réseau international d'organisations secrètes et de conspirations qui s'était formé et avait prétendument vaincu les forces de l'Axe pendant la Seconde Guerre mondiale était devenu clandestin et avait poursuivi avec succès sa mission de domination des gouvernements du monde entier. Mae a reconnu, document après document, bon nombre des mêmes noms et des mêmes stratégies trompeuses visant à transformer l'Allemagne, pays sophistiqué et scientifique dans les années 1920 et 1930, en une machine sauvage et cruelle de bigoterie et de haine.

En juin 1971, après sept ans d'études, Mae a été invitée à prendre la parole sur KLRB, une station de radio FM locale, pour exprimer ses opinions sur les assassinats politiques. La réaction du public a été positive et elle a rapidement eu son émission.

Dialogue : Conspiracy, émission (devenue plus tard World Watchers International). Pendant dix-sept ans, Mae a fourni à son public, presque chaque semaine, les éléments de ses fichiers de données brutes, couvrant tout, de la mort du président à Dallas aux enquêtes Iran-Contra, en passant par ce qu'elle appelait les atrocités et les hauts crimes de l'administration Reagan.

Lorsque le programme de Mae n'avait pas de station hôte, elle enregistrait ses émissions chez elle sur un petit magnétophone à cassette et les envoyait à une liste d'abonnés. Son émission de radio a été reprise par KAZU à Pacific Grove, en Californie, en 1983, mais elle a été retirée des ondes en 1988 en raison de menaces de mort. Jusqu'au 13 juin 1988, elle a continué à envoyer des enregistrements expliquant son étude et ses découvertes. Le 3 octobre 1988, Mae Brussell est morte d'un cancer. On peut voir ses œuvres sur le site http://www.maebrussell.com.

X-FILES

The X-Files était la série définitive des années 90 pour les conspirationnistes.
les théoriciens de la conspiration, les amateurs d'OVNI et les fans de
paranormal.

En 1993, Chris Carter, créateur de la série télévisée The X-Files sur le réseau Fox, a créé un mélange de mythologie ovni, de méfiance croissante du public à l'égard du gouvernement et d'intérêt grandissant pour le paranormal qui, au cours de ses neuf années d'existence, a généralement terminé en deuxième position des dramatiques les plus populaires (après ER sur NBC) chez les jeunes adultes. On estime que The X-Files a attiré 20 millions de téléspectateurs par épisode pendant sa saison de pointe en 1997. Sandy Grushow, directeur de Fox Entertainment, a déclaré en 2002, juste avant le dernier épisode de la série, que "The X-Files" était la série la plus populaire.

Les X-Files avaient rapporté à la firme plus d'un milliard de dollars.

The X-Files a été, sans aucun doute, la série déterminante des années 1990 pour les théoriciens de la conspiration et les amateurs de paranormal. Mais, plutôt que de devenir une sensation culte appréciée par la frange politique, la série a défié toutes les attentes et a rempli le grand public de paranoïa. Fox Mulder (David Duchovny) et Dana Scully (Gillian Anderson) du FBI suivaient régulièrement les OVNIs, les chasseurs de primes extraterrestres et les mauvais fonctionnaires, déclarant à leurs téléspectateurs que "la vérité est là dehors". Cependant, comme une organisation gouvernementale ultrasecrète et brutale cachait la vérité, ils devaient "ne faire confiance à personne." Et il suffisait de regarder le journal télévisé ou de lire le quotidien pour voir des dissimulations réelles de haut niveau ou acquérir un scepticisme à l'égard du gouvernement après des erreurs grossières comme Iran-Contra, Watergate, Ruby Ridge et Waco.

The X-Files a remporté les Golden Globes du meilleur drame télévisé, du meilleur acteur dans un drame télévisé (Duchovny) et de la meilleure actrice dans un drame télévisé (Anderson) en 1996.

Selon la mythologie de Carter pour la série, l'invasion extraterrestre a commencé dans les temps anciens. Elle a été découverte en 1947 par l'armée américaine et une section secrète du gouvernement après le crash d'une soucoupe volante à Roswell, au Nouveau-Mexique. Bien que Mulder et Scully aient enquêté sur des vampires, des fantômes et toute une série de monstres, c'est la mythologie compliquée, et parfois carrément déroutante, des OVNIs qui a fait la cohésion de la série et a incité les fans à revenir semaine après semaine pour suivre les progrès des agents dans la résolution de l'affaire ultime qui obligerait le gouvernement secret à admettre la vérité sur les extraterrestres.

Le 19 juin 1998, le long métrage X-Files Fight the Future est sorti sur les écrans, transposant la peur du petit écran de la série télévisée sur grand écran dans tout le pays. Le film s'est hissé en tête des recettes du box-office dès sa première semaine, avec 31 millions de dollars. Il a ensuite rapporté plus de 100 millions de dollars.

Dans les deux dernières saisons de The X Files, on a moins vu Mulder, qui se cachait prétendument du gouvernement secret, et moins participé à Scully, qui semblait avoir évolué vers un rôle de conseiller. Au lieu de cela, les nouveaux acteurs de la série, Robert

34

Patrick dans le rôle de l'agent John Doggett et Annabeth Gish dans celui de l'agent Monica Reyes, ont assumé la plupart des tâches pour traquer les monstres, les esprits agités et les extraterrestres rebelles.

Avant la fin de la série en mai 2002, Scully et Mulder avaient été kidnappés et Scully, qui avait été jugée incapable d'avoir des enfants, avait accouché dans des circonstances inexplicables. L'enfant de Scully, William, était celui de Mulder par le sperme d'un donneur ou par les extraterrestres qui l'ont inséminée artificiellement avec la semence de son partenaire pendant l'un de leurs épisodes d'enlèvement, même si les fans fidèles de la série n'ont pas pu assister à des mariages Scully-Mulder ou même à une scène d'amour discrète entre les deux. Ou peut-être que Chris Carter ne voulait pas tout nous montrer. L'histoire se terminait avec les deux âmes sœurs fuyant la menace continuelle de l'Homme qui Fume des Cigarettes et des extraterrestres chasseurs de primes pour commencer une nouvelle vie ensemble.

The X-Files, souvent salué comme un phénomène culturel et considéré comme la série de science-fiction la plus réussie de l'histoire de la télévision jusqu'alors, a eu un impact incommensurable sur les idées du public concernant les OVNI, les enlèvements et les conspirations gouvernementales.

LA FAMILLE AMÉRICAINE ASSOCIATION

Selon l'American Family Association,
la télévision est une "terre d'ordures" et un vaste terrain vague.

Le révérend Donald Wildmon a fondé la National Federation for Decency en 1977, qui a été rebaptisée American Family Association (AFA) en 1988. Wildmon, ancien membre du clergé méthodiste, s'est fait un nom en tant que force puissante pour interdire les publicités télévisées trash et désagréables. Pendant l'administration Reagan, Wildmon a été nommé à la commission sur la pornographie du procureur général Edwin Meese par le directeur exécutif de la commission, Alan Sears, et a réussi à convaincre dix-sept mille dépanneurs de retirer de leurs rayons des publications comme Playboy et Penthouse. Tim Wildmon, le fils de Donald Wildmon, a pris la présidence de l'AFA en 2005, contrôlant un réseau radiophonique de 200 stations et un magazine mensuel envoyé à environ 200 000 personnes abonnées, ainsi qu'une centaine de travailleurs

La position de l'American Family Association

- Une présence médiatique LGBT en plein essor est en train de transformer les États-Unis en une société biaisée.

- D'éminents dirigeants LGBT ont ouvertement soutenu la légalisation de la pédophilie, de l'inceste, du sadomasochisme et de la bestialité.

36

- L'homosexualité doit être condamnée avec le même zèle que le meurtre, le vol et l'adultère.

- Les homosexuels ont été les principaux architectes du nazisme et des horreurs nazies. Le satanisme et l'homosexualité sont largement promus par Procter & Gamble.

Activités : Par le biais de ses stations de radio, de ses brochures et de son magazine mensuel, l'AFA a persuadé des centaines de milliers de personnes de boycotter les distributeurs nationaux qui font la promotion d'articles ou de notions qu'elle juge inacceptables.

LE DIRIGEABLE DE 1897

Les membres d'un groupe secret en communication avec des extraterrestres ont fait naviguer un gigantesque dirigeable, généralement décrit comme ressemblant à un bateau fluvial en forme de cône, au-dessus de l'océan Atlantique en 1897, des années avant qu'aucune agence terrestre connue ne parvienne à réaliser des vols plus lourds que l'air.

Les États-Unis, puis le reste du globe.

En 1897, le monde est à l'aube du vingtième siècle. Karl Benz et Henry Ford ont produit leurs premiers véhicules à quatre roues en 1893. En 1895, Auguste et Louis Lumière ont produit le cinématographe, Guglielmo Marconi a établi la radiotélégraphie et Konstantin Tsiolkovsky a développé la théorie de la réaction des fusées Propulsion.

En 1897, le Royal Automobile Club est créé à Londres, et les automobiles sur la route deviennent plus rapides d'année en année. Cependant, aucun véhicule plus lourd que l'air ne courait dans le ciel, et plusieurs experts brillants proclamaient que de tels avions volants étaient aérodynamiquement impossibles à réaliser.

Néanmoins, le 7 avril 1897, des habitants de Wesley, dans l'Iowa, ont vu un dirigeable en forme de cône avec des fenêtres brillamment éclairées sur le côté. Malheureusement, les témoins n'ont pas pu établir comment il était poussé ou ce qui le maintenait en altitude.

Le dirigeable a atterri à deux miles au nord de Springfield, Illinois, le 15 avril. Les occupants du vaisseau ont indiqué qu'ils avaient atterri pour réparer leur équipement électrique et leur équipement de projecteur.

Le dirigeable revient dans l'Iowa le 17 avril et atterrit près de Waterloo. L'un des détenus a brandi une arme pour maintenir les curieux à distance de la machine. Selon les journalistes, le dirigeable mesurait environ 12 mètres de long et était construit comme un gigantesque cigare, avec des extensions en forme d'ailes sur les côtés et un système de direction à l'arrière. Un dôme sur le toit de la machine couronnait le tout.

Le dirigeable a fait le tour de l'Arkansas et du Texas les 21 et 22 avril. Il a réveillé un ancien sénateur à Harrisburg, Arkansas, vers minuit. Les membres de l'équipage lui ont dit que le concepteur du vaisseau était un grand génie de St. Louis qui avait trouvé la clé pour suspendre les règles de la gravité. Le développement du dirigeable avait pris dix-neuf ans, mais comme il n'était pas encore terminé, l'équipage choisit de voler de nuit. Ils prévoyaient d'exposer le dirigeable au public après avoir effectué une mission réussie vers Mars.

Un célèbre fermier texan a été réveillé à minuit le 24 avril par un vrombissement particulier et les lumières vives de ce qu'il pensait être des anges dans un véhicule céleste. Au lieu de cela, les visiteurs lui ont dit qu'ils ne venaient pas du ciel.

Mais d'un petit hameau de l'Iowa, où cinq de ces dirigeables avaient été construits. Le vaisseau était fait d'une substance nouvellement découverte qui pouvait se maintenir dans l'air. La force motrice était de l'électricité hautement concentrée.

Les rapports d'atterrissage et de contact ont afflué de tout le pays au cours des semaines suivantes. Des observations ont été enregistrées dans le monde entier au cours des mois d'été de 1897. D'étranges objets aériens ont été signalés au-dessus de la Suède et de la Norvège en juillet et août. Le même jour, ce qui semblait être le même objet volant a été vu au large des côtes de la Norvège et au-dessus de Vancouver, en Colombie-Britannique.

Le comte von Zeppelin a mis au point un dirigeable en 1898, mais les premières versions avaient un rayon d'action si limité qu'il était impossible de faire des voyages réussis entre l'Allemagne et l'Angleterre. Orville et Wilbur Wright ont réalisé le premier vol avec un véhicule plus lourd que l'air en 1903, avec un avion qui est resté en l'air pendant douze secondes et a parcouru 120 pieds. Cependant, aucune organisation terrestre n'avait construit un véhicule aérien capable de traverser le monde à la vitesse et avec la facilité du dirigeable piloté par les inventeurs inconnus de l'Iowa ou de St. Louis en 1897. Louis en 1897. Par conséquent, de nombreux universitaires supposent que les constructeurs du dirigeable de 1897 étaient membres d'une organisation secrète, peut-être en contact avec des intelligences extraterrestres - ou leurs archives et artefacts - depuis des milliers d'années.

De nombreuses organisations occultes européennes se sont formées autour du concept selon lequel une société secrète a acquis un haut degré de connaissances scientifiques il y a des siècles et a soigneusement dissimulé ces informations dangereuses au reste de l'humanité depuis lors. Un motif récurrent est que des personnes brillantes sélectionnées dans l'Égypte et la Perse anciennes se sont vues accorder l'accès aux archives technologiques sophistiquées du monde. Il y a plusieurs centaines d'années, ces anciens maîtres ont appris à reproduire nombre des réalisations des Titans de l'Atlantide - et ont attiré l'attention des extraterrestres qui observaient la Terre à la recherche de preuves d'un haut niveau intellectuel.

Le choix de construire une société à l'intérieur d'une société peut avoir reflété le sens moral très développé de ses membres et leur prise de conscience de l'énorme responsabilité qu'implique la détention de ce savoir ancien. Ils ont peut-être choisi de rester silencieux jusqu'à ce que le reste du monde soit suffisamment instruit pour faire face intelligemment à un tel niveau de réalisation technologique. Cependant, de temps à autre, l'organisation secrète peut décider que le moment est venu de rendre publique l'une de ses découvertes. Cette ingérence dans les préoccupations de la grande majorité de l'humanité est souvent réalisée en transmettant soigneusement certains éléments d'étude à des experts "extérieurs" dont le travail et l'attitude ont été jugés particulièrement dignes d'intérêt.

Les membres de la société secrète, quant à eux, peuvent ne ressentir que peu ou pas d'obligations envers les personnes extérieures à l'organisation. Ils peuvent simplement attendre leur heure jusqu'à ce qu'ils puissent asservir la majorité de l'humanité. Depuis des centaines d'années, certains universitaires s'inquiètent des conspirations mondiales menées par des organisations secrètes qui attendent le moment opportun pour dominer totalement le monde.

Pendant douze ans, le mystérieux dirigeable a disparu du ciel. Puis, à Peterborough, en Angleterre, un policier a déclaré avoir entendu un bruit semblable à celui d'une automobile au-dessus du 24 mars 1909. En regardant au-dessus de lui, il a vu un dirigeable émettant une lumière vive et se déplaçant à la vitesse d'un train express. En juillet, l'étrange engin aérien avait été vu au-dessus de la Nouvelle-Zélande, où il est resté six semaines avant de retourner aux États-Unis. Un survol a été enregistré dans la région de la Nouvelle-Angleterre en août. Pourtant, le dirigeable a disparu jusqu'à la nuit du 12 décembre, lorsque les habitants de Long Island ont entendu un bourdonnement émanant du ciel étoilé au-dessus d'eux, semblable au cliquetis et au ronronnement d'un moteur à grande vitesse.

Le 20 janvier 1910, la dernière observation enregistrée d'un dirigeable a eu lieu à Memphis, Tennessee. Plusieurs témoins ont déclaré avoir vu un objet volant extrêmement haut dans les airs à une vitesse élevée. Il a traversé le fleuve Mississippi jusqu'en Arkansas, puis s'est légèrement incliné vers le sud et a disparu.

Peut-être la société secrète ne ressentait-elle plus le besoin d'inciter les "étrangers" à poursuivre la science de l'aéronautique, car, en 1910, une compétition internationale d'aviation avait déjà eu lieu à Reims, en France ; un vol depuis le pont d'un croiseur de haute mer ; un décollage d'un hydravion sur l'eau ; et la première femme pilote avait obtenu sa licence.

YOCKEY FRANCIS PARKER

Un type bizarre, tout droit sorti de la Quatrième Dimension, a consacré sa vie à inverser l'issue de la Seconde Guerre mondiale et à déclarer le Troisième Reich vainqueur.

Si Francis Parker Yockey ne s'était pas engagé lorsque le FBI a fini par l'appréhender en 1960, il serait ravi de voir à quel point les événements mondiaux ont été violents et chaotiques après le 11 septembre. Il se serait réjoui de la chute du World Trade Center et du fait que les radicaux islamiques étaient les coupables de l'acte terroriste. Au lieu de cela, Yockey avait engagé sa vie pour modifier les résultats de la Seconde Guerre mondiale, un objectif qu'il pensait pouvoir atteindre d'ici 2050. Il a soutenu secrètement la résistance musulmane organisée contre l'Occident, espérant que les terroristes qui ne pouvaient pas se rendre commenceraient à attaquer les villes américaines. Il a imaginé un scénario dans lequel l'hégémonie mondiale de l'Amérique serait supplantée par un super-État européen modelé sur les idées du Troisième Reich d'Hitler et dominé par des élitistes.

Les sciences ésotériques hermétiques avaient supplanté le christianisme.

On sait peu de choses sur cette figure énigmatique qui a vécu dans les zones les plus sombres de la frange obscure. Tout comme les amateurs d'histoires étranges aiment le mystère du Necronomicon de H. P. Lovecraft, les adeptes du fascisme et du satanisme aiment l'œuvre souterraine de Yockey, Imperium. Bien sûr, les fans de l'œuvre de Lovecraft reconnaissent que le monde qu'il a construit avec les Anciens était une œuvre de fiction ; les fans de l'œuvre de Yockey s'engagent à réaliser sa vision de l'unification européenne sous le régime nazi. Yockey considère la défaite des nazis lors de la Seconde Guerre mondiale comme un revers transitoire sur la voie de son objectif ultime, à savoir l'isolement de l'Amérique des affaires européennes et une révolution fasciste en Amérique. Imperium a été créé sous le pseudonyme de "Ulick Varange" ("Ulick", qui serait un nom irlandais danois ; "Garage", une référence aux Nordiques) et auto-publié en 1948 par Yockey dans une édition limitée à 200 exemplaires. Des réimpressions du texte sont toujours en circulation parmi les organisations néonazies et d'extrême droite, qui tiennent les idées et les théories de Yockey dans le même respect que les anciens lecteurs partageant les mêmes idées tenaient pour Mein Kampf d'Hitler.

Ce n'est que quelques années après la mort de Yockey que l'éditeur d'extrême droite Willis Carto a publié une version de poche d'Imperium, et le livre a commencé à gagner du terrain parmi les organisations néo-nazies et néofascistes. L'œuvre de Yockey avait été saluée par le philosophe hermétique italien Julius Evola, et Imperium était en phase avec le Nouvel Ordre Européen, basé en Suisse, et ses croyances dans les mythologies des origines aryennes dans le Nord hyperboréen et l'Atlantide.

Yockey est né à Chicago en 1917 dans une famille de classe professionnelle d'origine allemande, irlandaise et canadienne française. Il est élevé dans la religion catholique, mais lorsqu'il s'engage dans des groupes de droite radicale dans les années 1930, il est attiré par le nietzschéisme théosophique. Yockey est attiré par le German American Bund. Mais il était également attiré par les staliniens, les trotskistes et les disciples semi-fascistes du père

Coughlin - toute organisation anticapitaliste et comprenant le danger mondial posé par les Juifs, semblait-il.

Certains universitaires pensent que Yockey était membre d'un réseau d'espionnage germano-américain et qu'il a aidé des saboteurs nazis à infiltrer les États-Unis. Pendant la Seconde Guerre mondiale, il a été engagé dans l'armée américaine. Il s'est ensuite enfui temporairement, mais a repris du service après avoir prouvé à l'armée qu'il avait eu une dépression mentale. Il a obtenu une libération médicale sans être soupçonné d'avoir aidé des espions et des saboteurs nazis pendant son absence de la base.

Yockey a eu une carrière académique réussie dans divers collèges avant la guerre, un diplôme de droit de Notre Dame, et la pratique. En tant qu'étudiant de premier cycle, il a étudié à la School of Foreign Service de l'université de Georgetown. Avec ces références, il a pu obtenir un poste au tribunal des crimes de guerre allemand après la guerre. Malheureusement, il a été engagé parce que son preneur Yockey est retourné en Allemagne après avoir décroché un poste à la Croix-Rouge américaine. Il s'enfuit rapidement de son poste et est déporté aux États-Unis. Yockey avait utilisé ses postes pour obtenir du gouvernement américain qu'il finance ses visites en Allemagne afin de s'engager dans le réseau fasciste paneuropéen en expansion.

Selon les théoriciens de la conspiration, Yockey a passé les années 1950 à accumuler un assortiment vertigineux d'identités alors qu'il parcourait littéralement le monde, faisant tout ce qu'il pouvait pour promouvoir la cause fasciste. Il était très certainement membre d'Odessa, un réseau mondial de nazis et de fascistes d'après-guerre. Certains pensent que Yockey a passé un temps considérable derrière le rideau de fer avant de revenir aux États-Unis pour une courte période afin de servir de rédacteur pour le sénateur Joseph McCarthy. En outre, Yockey est connu pour avoir passé du temps à la Nouvelle-Orléans à préparer de la propagande destinée à être utilisée en Amérique latine, et de nombreux théoriciens de la conspiration pensent qu'il connaissait Lee Harvey Oswald à cette époque.

Yockey a été approché par le FBI à Oakland, en Californie, en 1960, après que ses différentes identités et passeports aient déclenché plusieurs signaux d'alarme. Yockey a tenté de s'enfuir avant que les agents fédéraux ne puissent l'interroger, blessant un agent au passage. Yockey est mort le 17 juin 1960 des suites d'une auto-administration de cyanure de potassium.

OSAMA BIN LADEN

Le "monstre de Frankenstein" de la CIA a tellement bien étudié ses leçons de terrorisme
qu'il est devenu l'homme le plus recherché de la planète.

Oussama Ben Laden était l'homme le plus recherché au monde. Le programme "Rewards for Justice" du Département d'État américain a offert un prix pouvant atteindre 10 000 dollars.

L'Association des pilotes de ligne et l'Association des transports aériens étaient prêtes à fournir 2 millions de dollars supplémentaires pour échanger des informations, ce qui a permis de les appréhender. En 1988, ben Laden a fondé l'organisation terroriste Al-Qaïda ("la Base"), qui a financé les attentats à la bombe contre les ambassades des États-Unis à Nairobi, au Kenya, et à Dar es Salaam, en Tanzanie, qui ont fait 224 morts (7 août 1998) ; l'attaque contre l'USS Cole au Yémen (12 octobre 2000) ; et les détournements d'avions coordonnés et les attaques contre le World Trade Center et le Pentagone (11 septembre 2001). En 1998, Ben Laden a créé le Front islamique mondial pour la guerre sainte contre les juifs et les croisés et a publié une proclamation déclarant que le meurtre des Américains, civils et militaires confondus, était un "devoir individuel pour chaque musulman" afin de "libérer la mosquée al-Aqsa et la sainte mosquée et que leurs armées quittent toutes les terres de l'Islam, vaincues et incapables de menacer un quelconque musulman".

Oussama ben Laden est né en Arabie saoudite en 1957, fils d'une riche famille saoudienne. À la mort de son père, il a hérité de 300 millions de dollars, et il a gagné une grande fortune personnelle en tant qu'homme d'affaires bien introduit dans le secteur du bâtiment et du commerce de détail au Moyen-Orient. Il mesurait plus d'un mètre quatre-vingt et portait les vêtements cléricaux d'un chef spirituel sur son corps extrêmement mince.

Les théoriciens de la conspiration trouvent une immense ironie dans la carrière meurtrière d'Oussama ben Laden. Il était, selon eux, le "monstre de Frankenstein" produit par la Central Intelligence Agency. La CIA a recruté Ben Laden en 1979 pour résister à l'invasion soviétique de l'Afghanistan dans le cadre de la plus grande opération secrète de son histoire. La CIA a utilisé l'Inter-Services Intelligence (ISI) du Pakistan comme intermédiaire, car aucun de ses efforts ne pouvait être retracé jusqu'à Washington pour que cette activité secrète réussisse. Bien que les indépendantistes afghans aient bénéficié d'une grande sympathie, l'objectif principal était de dévaster les capacités armées de l'Union soviétique.

Ben Laden commence à acheminer de l'argent aux moudjahidines qui combattent les envahisseurs et entretient des liens avec le Jihad égyptien et d'autres organisations extrémistes islamiques. La CIA a poussé agressivement les musulmans rebelles afghans à proclamer le djihad contre les Soviétiques, et 35 000 fanatiques musulmans issus de quarante nations islamiques ont été recrutés pour combattre les envahisseurs de la mère patrie de leurs frères. La CIA et l'ISI ont créé des camps d'entraînement de la guérilla dans lesquels les méthodes militaires étaient combinées aux enseignements islamiques. Au début des années 1980, Ben Laden s'est activement engagé dans des camps d'entraînement de combattants de la liberté pour combattre les Soviétiques. Il a recruté des milliers de personnes en Arabie saoudite, en Algérie, en Égypte, au Yémen, au Pakistan et au Soudan pour poursuivre la lutte contre les ennemis de l'Islam.

La CIA et l'ISI ont été récompensées de leurs efforts secrets en persuadant plus de 100 000 extrémistes islamiques d'outre-mer de rejoindre la résistance contre l'invasion soviétique. En outre, le président Ronald Reagan a approuvé une directive de décision sur la sécurité nationale en mars 1985, augmentant l'aide militaire secrète aux rebelles musulmans.

Les réactions des radicaux musulmans peuvent donner une idée de l'efficacité de l'opération d'infiltration après le retrait des Soviétiques ; beaucoup ont déclaré par la suite qu'ils n'avaient pas la moindre idée qu'ils faisaient la guerre pour le compte des États-Unis. Malgré les interactions aux plus hauts niveaux du système de renseignement, les rebelles islamiques sur le terrain n'avaient aucune idée que les Américains les approvisionnaient.

Grâce à des armes perfectionnées et à un entraînement qui les rend plus efficaces, même le rapide Ben Laden a déclaré qu'il ne voyait aucune preuve du soutien américain dans la lutte contre les Soviétiques.

Bien que l'Union soviétique ait retiré ses soldats en 1989, le conflit civil en Afghanistan s'est poursuivi sans relâche. Les Talibans (le mot se traduit simplement et avec humour par "étudiants") ont finalement réussi à imposer un gouvernement islamique pur et dur en Afghanistan avec l'aide de différentes forces à l'intérieur du Pakistan. L'État islamique taliban a profité aux objectifs géopolitiques de l'Amérique de l'époque. Parce que le commerce de l'opium afghan finançait et armait l'armée musulmane bosniaque et l'armée de libération du Kosovo, Washington a fait la sourde oreille aux appels à l'aide lancés par les Talibans dans leur règne de terreur.

Ben Laden a créé Al-Qaïda en 1988 pour unir les Arabes luttant contre l'invasion soviétique de l'Afghanistan. Il n'a cependant pas fallu longtemps pour qu'il en vienne à penser qu'Al-Qaïda devait être la voix des près d'un milliard de musulmans dans le monde qui pensent que leurs préoccupations n'ont pas été entendues par l'Occident.

Après qu'un attentat au camion piégé près de Dhahran, en Arabie saoudite, ait tué en 1996 dix-neuf aviateurs américains et blessé 515 personnes, dont 240 Américains, Ben Laden a réaffirmé son appel au djihad contre les Américains : "Nous avons concentré notre déclaration de djihad sur les soldats américains à l'intérieur de l'Arabie", a-t-il déclaré dans une interview à CNN, mais il a averti que d'autres attaques étaient imminentes à cause de l'attentat.

- Selon Ben Laden et plusieurs organisations extrémistes islamiques, les Arabes ont plusieurs griefs envers l'Occident, en particulier les États-Unis :

- L'impact de la décadence occidentale constitue un défi pour les cultures arabes fondamentalistes au Moyen-Orient et dans d'autres régions du globe largement islamisées.

- Les Américains ont contrôlé la politique arabe pendant près de soixante-dix ans, ignorant les demandes de compensation pour les crimes sionistes en Israël et le "vol" du territoire arabe en Palestine.

- En raison de l'arrogance de certaines personnes qui ont conquis ce pays, les Arabes se sont sentis indésirables dans leur ancien pays.

- Historiquement, l'Occident a exploité le pétrole arabe jusqu'à ce que les Arabes créent leur cartel pétrolier.

- Préjugés à l'égard des Arabes du monde entier en raison de leur religion et de leurs opinions culturelles.

- Les extrémistes arabes veulent obliger le monde entier à adopter l'islam et à former une théocratie islamique universelle.

Ben Laden a été privé de sa citoyenneté et banni d'Arabie saoudite en 1994 en raison de sa résistance à la monarchie saoudienne. Il a délocalisé ses activités à Khartoum, au Soudan, où il a eu plusieurs entreprises florissantes, mais il a également été expulsé de ce pays en raison de la pression exercée par les États-Unis. En 1996, il s'est installé dans des campements de montagne en Afghanistan et a construit plusieurs sites d'entraînement. À l'époque, dans une interview accordée à Peter Arnett de CNN, il a exhorté les Américains à cesser d'attiser les passions de millions de musulmans s'ils voulaient mettre fin aux explosions au sein de leur nation. Ben Laden a prévenu que les "centaines de milliers de personnes qui ont été tuées ou déplacées en Irak, en Palestine et au Liban" avaient des "frères et des parents" qui feraient de Ramzi Yousef (condamné pour l'attentat du World Trade Center en 1993) un "symbole et un enseignant".

Selon certains spécialistes de l'ascension de ben Laden au rang de terroriste le plus connu au monde, l'attaque de missiles américains au Soudan, le 19 août 1998, contre une cible qui s'est avérée être une innocente usine d'aspirine, de lait en poudre et d'aliments pour bébés, pourrait l'avoir rendu suffisamment furieux pour mettre ses menaces à exécution. 167 musulmans qui se rendaient dans une mosquée voisine ont été tués dans l'attentat, dont au moins un membre de la famille de Ben Laden. Ben Laden étend alors son réseau de terreur et publie une fatwa (opinion ou jugement religieux émis par un érudit compétent ou une autorité religieuse) appelant au djihad contre les États-Unis. Il a rapidement rassemblé 100 000 volontaires supplémentaires.

Ben Laden a été inscrit sur les listes des dix fugitifs les plus recherchés et des dix terroristes les plus recherchés du Federal Bureau of Investigation américain pour son rôle dans les attentats à la bombe contre les ambassades américaines en 1998. Après l'attentat du World Trade Center en 2001, le FBI a fixé une récompense de 25 millions de dollars sur la tête de Ben Laden. En outre, les théoriciens de la conspiration ont cité le fait que vingt-quatre membres américains de la famille Ben Laden, ainsi que plus de cent autres Saoudiens haut placés, ont quitté les États-Unis par avion sans être interrogés, comme preuve que le gouvernement secret surveillait la famille Ben Laden.

Le 23 septembre 2001, en réponse aux opérations militaires contre Al-Qaïda au Pakistan, Oussama ben Laden a déclaré : "Nous prions pour que ces frères soient parmi les premières victimes de la guerre que mène l'Islam en cette période contre la nouvelle croisade judéo-chrétienne dirigée par le grand croisé Bush sous la bannière de la Croix."

Oussama ben Laden a pu éviter l'armée américaine sous trois administrations présidentielles. Cependant, le 2 mai 2011, le commandant d'Al-Qaïda en fuite a été abattu à l'intérieur d'un complexe résidentiel privé à Abbottabad, au Pakistan, par des Navy SEALS américains et des agents de la CIA lors d'une attaque secrète autorisée par le président Barack Obama. Le cadavre de Ben Laden a été préparé pour l'enterrement selon les normes religieuses musulmanes en quelques heures, et il a été enterré en mer. Le 6 mai 2011, Al-Qaida a accepté la mort de son chef et mentor spirituel et a promis de frapper les Américains où qu'ils se trouvent dans le monde.

Ben Laden n'avait pas reçu les derniers sacrements, et sa dépouille venait d'être enterrée en mer depuis quelques jours lorsque les théoriciens du complot ont commencé à faire circuler leurs affirmations. Ils soupçonnaient que l'assassinat du maître terroriste ne s'était pas déroulé comme prévu, comme l'indiquait le rapport officiel américain.

Certains ont affirmé qu'Oussama était toujours en vie et avait fui l'attaque de sa maison. D'autres se sont fait l'écho d'une idée commune qui avait circulé bien avant que les SEAL n'assassinent le chef terroriste, affirmant que Ben Laden était mort de problèmes de santé bien des années auparavant. Les hauts responsables d'Al-Qaida ont entretenu les récits d'observation de Ben Laden comme une tactique de propagande. Des agents supposés de la CIA ont même diffusé l'idée que Ben Laden était mort en juillet 2001 du syndrome de Marfan à Dubaï.

Le fait qu'aucune image du cadavre de Ben Laden n'ait été mise à la disposition des médias pour être diffusée au grand public a constitué une faille majeure dans le compte rendu officiel de son assassinat. Le fait que Ben Laden ait été enterré en mer a renforcé les soupçons concernant sa mort. Les sceptiques du monde entier ont demandé à voir le cadavre de Ben Laden pour avoir la confirmation définitive qu'il était bien mort.

Les théoriciens du complot ont également fait grand cas des disparités importantes entre les récits de la confrontation avec les

SEALS à la résidence de Ben Laden. Selon les premiers récits, les SEALS ont engagé une fusillade de quarante minutes avec les gardes du corps de Ben Laden avant de s'emparer du complexe et de tuer le principal terroriste alors qu'il cherchait à utiliser sa femme comme bouclier humain. Mais, selon des rapports ultérieurs, lorsque les SEALS ont envahi un complexe jonché de détritus plutôt qu'une résidence de plusieurs millions de dollars, un seul homme a défendu ben Laden.

Les sceptiques ont également remis en question les entretiens réalisés avec les résidents du complexe de Ben Laden à Abbottabad après l'opération. La grande majorité des personnes interrogées ont affirmé n'avoir jamais vu Ben Laden pendant les années où il aurait été présent, et n'avaient aucune preuve qu'il ait jamais vécu parmi eux. Il était particulièrement surprenant que Ben Laden ait pu rester aussi longtemps inaperçu dans la région, étant donné qu'Abbottabad fait office de site de rassemblement pour l'armée pakistanaise, un peu comme West Point au Pakistan. En outre, certains ont affirmé que la Maison-Blanche aurait pu choisir n'importe qui pour jouer le rôle d'un faux ben Laden que les SEALS auraient tué et enterré en mer.

Pendant de nombreuses années, les théoriciens de la conspiration ont affirmé qu'Oussama ben Laden était extrêmement bénéfique pour certaines sections du gouvernement caché. Selon les théoriciens de la conspiration, lorsque le monde en aura assez de lutter contre les terroristes, le public se tournera vers le Nouvel Ordre Mondial pour être délivré de la tourmente. Pendant ce temps, les entrepreneurs de la défense s'enrichissent et l'armée devient plus dominante.

CATHARS

Les Cathares étaient un groupe caché de satanistes qui avaient l'intention de démolir l'église médiévale de France.

Les cathares, également connus sous le nom d'Albigeois, étaient principalement basés à Albi, une ville de la région française du Languedoc, où un conseil officiel de l'Église catholique romaine a dénoncé la secte comme hérétique en 1208. La majorité des établissements albigeois ont été pillés, puis détruits, ainsi que leurs documents et bibliothèques et les preuves de ce que pensaient précisément les cathares, arrachées par de terribles tortures. Les études modernes montrent que, loin d'être les créatures malfaisantes que le pape Innocent III (vers 1161-1216) a déclaré devoir assassiner, les cathares étaient des humanistes chrétiens dévoués, chastes et tolérants qui méprisaient les excès mondains de l'église médiévale. On retrouve des croyances similaires dans les évangiles gnostiques, les enseignements esséniens découverts à Qumran et les écoles de mystère égyptiennes. Les cathares se désignaient eux-mêmes comme la véritable Église de Dieu, bien qu'ils n'aient pas de doctrine théologique définie. La majorité des rares manuscrits qui ont échappé aux feux de l'Inquisition étaient écrits en provençal, l'ancienne langue du sud de la France.

Le reste est en latin, sauf la France.

La vie culturelle des Albigeois dépassait de loin celle de toute autre ville d'Europe à l'époque. Les historiens objectifs sont supérieurs en termes de mœurs, de moralité et d'éducation.

Les Albigeois méritaient plus de respect que les évêques et le clergé orthodoxes, selon l'État. La cour de Toulouse était largement reconnue comme étant le centre d'un degré de civilisation supérieur à celui qui existait ailleurs en Europe à cette époque.

Selon le pape Innocent III et de nombreux membres de la hiérarchie ecclésiastique, les cathares enseignaient les principes fondamentaux de la sorcellerie. Même s'ils concentraient leur foi sur le Christ, ils le considéraient comme un pur esprit tombé du ciel sur l'ordre du Dieu du Bien pour libérer les hommes du royaume de la matière. Les cathares pensaient que, puisque le Christ était un pur esprit, il n'était pas mort sur la croix et que, par conséquent, les doctrines de l'église étaient erronées. Les cathares refusaient les sacrements catholiques et soutenaient que le Dieu de l'Ancien Testament était le roi de la matière et le maître de ce monde, titres que l'Église catholique attribue à Satan. Non seulement l'Église a révélé que le Créateur était le diable, mais les cathares ont également enseigné à leurs adeptes que la majorité des patriarches et des prophètes décrits dans l'Ancien Testament étaient des démons. Ils pensaient également que Satan avait créé le monde matériel après avoir été banni du ciel lorsque Dieu le Père, pris de pitié pour Lucifer, son étoile autrefois brillante, lui avait accordé sept jours pour voir ce qu'il pouvait inventer. Les corps d'Adam et d'Eve étaient animés par des anges déchus et chargés par Satan d'avoir une progéniture qui suivrait les voies du serpent.

Pour combattre la soif de chair du diable, les cathares prônaient la chasteté, le végétarisme et la non-violence. Ils croyaient en une théorie graduelle de la réincarnation, selon laquelle les âmes animales évoluaient vers les humains. Ils voyaient le monde comme un royaume dualiste dans lequel le bien et le mal avaient une force égale, et ils considéraient leur séjour sur Terre comme un combat pour s'opposer à la puissance de Satan.

Innocent III proclame les cathares hérétiques en 1208 et condamne à mort les habitants des villes albigeoises de Béziers, Perpignan, Narbonne, Toulouse et Carcassonne comme "ennemis de l'Église". Simon de Montfort (c. 1160-1218), un commandant militaire chevronné, a été chargé de mener une croisade contre les chrétiens, les hommes et les femmes raffinés du sud de la France, que le pape considérait comme une plus grande menace pour la chrétienté que les guerriers islamiques qui combattaient les croisés. Bien qu'il lui ait fallu plus de vingt ans de combat contre les Albigeois assiégés, de Montfort a réussi à tuer 100 000 hommes, femmes et enfants avant d'être abattu lors du deuxième siège de Toulouse.

Montségur, le dernier bastion de la résistance albigeoise, s'est effondré en 1244, et des centaines de cathares ont été brûlés sur le bûcher. L'Inquisition avait établi son siège dans la ville de Toulouse, autrefois très instruite, et les quelques cathares qui avaient échappé aux exécutions au cours des brutales décennies de la croisade lancée contre eux étaient désormais à la merci des chasseurs de sorcières et d'hérétiques.

GOUVERNEMENT DE L OCCUPATION SIONISTE

Les organisations antisémites pensent que les sionistes sionistes dominent le gouvernement américain.

Gouvernement d'occupation sioniste (également Occupé, Occupationnel) (ZOG) est une expression utilisée par les organisations antisémites qui prétendent que les sionistes dominent le gouvernement américain. Lorsqu'il est utilisé par une organisation suprématiste blanche, le mot est généralement un terme désobligeant pour "juif", impliquant que le gouvernement est contrôlé par des juifs qui font partie d'une conspiration mondiale comme celle révélée dans Les Protocoles des Sages de Sion. Plus précisément, l'expression désigne tout juif ou non-juif qui donne la priorité aux objectifs d'Israël sur ceux des États-Unis et tente d'encourager le gouvernement américain à employer des moyens militaires ou diplomatiques pour atteindre ces objectifs.

Puissance économique au nom d'Israël Les organisations d'extrême droite qui s'opposent aux ZOG font souvent l'éloge des "mouvements de libération" de Syrie, de Libye, d'Iran et de Palestine. Yasser Arafat est considéré comme un personnage particulièrement remarquable.

Selon certains spécialistes de l'antisémitisme, l'expression "gouvernement d'occupation sioniste" a très probablement été inventée par les Nations aryennes, qui ont largement utilisé la référence ZOG dans leurs écrits et en ont fait la promotion en ligne. D'autres pensent que le mot a été utilisé pour la première fois en

1976 dans un morceau intitulé "Welcome to ZOG-World" par le néonazi Eric Thomson. En outre, un article paru dans le New York Times le 27 décembre 1984 fait état d'une série de braquages perpétrés en Californie et dans l'État de Washington par des suprémacistes blancs qui utilisaient leur butin pour financer une lutte contre le gouvernement des États-Unis, qu'ils surnommaient le "gouvernement d'occupation sioniste".

La "Déclaration d'indépendance aryenne", publiée sur le site Web des Nations aryennes en 1996, déclare que l'objectif des ZOG est "l'installation d'une tyrannie absolue" sur les États-Unis, avec "l'anéantissement de la race blanche et de sa culture" comme "l'un de ses principaux objectifs". Depuis lors, cette phrase a été adoptée par diverses organisations antisémites et nationalistes blanches.

CALCÉDOINE DE FONDATION

Rousas John Rushdoony, l'initiateur du reconstructionnisme chrétien, a exhorté les chrétiens conservateurs à prendre le contrôle des gouvernements américain et mondial.

Rousas John Rushdoony (1916-2001) était un brillant universitaire. Il a lu et annoté un livre chaque jour, six jours par semaine, pendant vingt-cinq ans. Malheureusement, un tel régime de lecture gourmande n'a pas occupé toutes les heures éveillées de sa vie. Rushdoony a obtenu une maîtrise d'anglais à l'université de Californie, à Berkeley, avant d'entrer dans le ministère presbytérien et d'effectuer une mission auprès des Chinois de San Francisco et de la tribu des Western Shoshone dans l'Idaho. Il a également publié des ouvrages sur la politique, l'éducation, le droit, la philosophie et le christianisme conservateur. Rushdoony s'est installé dans la région de Los Angeles en 1965 et a créé la Chalcedon Foundation, du nom du concile de Chalcédoine de 451, qui a déclaré que le cadre gouvernemental de l'Empire romain devait être aboli.

L'État doit être le serviteur de Dieu.

L'œuvre majeure de Rushdoony, The Institutes of Biblical Law, a été publiée en 1973. Il s'agit d'un appel de huit cents pages aux protestants pour qu'ils commencent à appliquer les idées juridiques bibliques au monde qui les entoure. Rushdoony a été surnommé le "père du reconstructionnisme chrétien" après avoir lancé un appel majeur aux chrétiens fondamentaux pour qu'ils prennent le contrôle des gouvernements américains et mondiaux. En 1981, il a été membre de la Coalition for Revival, un groupe consacré à la "reconquête" de l'Amérique et de Beverly et Tim LaHaye, le révérend Donald Wildmon et le Dr D. James Kennedy.

Les convictions de la Fondation Chalcedon

- Pour que le marché libre et l'activité sociale volontaire puissent prospérer, les Dix Commandements doivent constituer la base organisationnelle de la gouvernance civile. Les chrétiens doivent prendre le contrôle du gouvernement des États-Unis et appliquer des règles bibliques strictes.

- Les homosexuels pratiquants devraient être condamnés à mort.

- Les mariages interraciaux ou l'intégration forcée ne devraient pas exister.

- La Bible reconnaît que certains individus sont nés pour être esclaves. Malgré les tentatives actuelles de culpabiliser les Blancs, l'esclavage dans les États-Unis d'avant la guerre civile était doux.

- L'Holocauste n'a pas eu lieu dans la mesure où les Juifs qui "donnent de faux témoignages" décrivent les prétendus camps d'extermination.

L'AGNEAU DE L'ÉGLISE DE DIEU

*Des groupes mormons meurtriers ont mené une guerre religieuse brutale et secrète,
infligeant des ravages et des vengeances à des personnes considérées comme des
pécheurs aux yeux de Dieu.*

Selon l'historien mormon Tom Green, plus de vingt décès de sectes
polygames ont été motivés par des vues religieuses.

Par un désir d'acquérir les fortunes financières, les congrégations et
les nombreuses épouses des prophètes concurrents. Les meurtres
vus par la police et le grand public ne sont peut-être qu'un sous-
ensemble du nombre total de décès. Depuis 1981, au moins une
douzaine d'autres membres de la secte ont disparu sans laisser de
traces.

Le réseau de meurtres tourne autour d'Ervil LeBaron, aujourd'hui
décédé, un polygame expulsé qui se prétendait le prophète de Dieu
sur Terre et prenait le surnom de "One Mighty and Strong".
LeBaron a établi un plan d'exécution pour les "traîtres" - membres
de factions concurrentes en Utah, en Arizona, au Texas, en
Californie et au Mexique - dans un livre de "New Covenants" qu'il a
composé en prison.

Ervil était si vicieux qu'il a fait massacrer sa fille enceinte pour s'être
opposée à lui, et il a fait assassiner son frère Joël pour faciliter son
ambition de devenir Dieu sur Terre. Daniel Ben Jordan, l'homme
soupçonné du meurtre de Joël, a été assassiné en octobre 1987. Il
avait commis la terrible erreur de laisser la protection de neuf de ses
épouses et de vingt et un de ses enfants à la chasse au cerf. Le

cadavre de Jordan a été découvert dans le sud de l'État, selon le lieutenant de police de l'Utah, Paul Forbes. Jordan avait été abattu de deux balles dans la tête et de deux balles dans la poitrine avec un pistolet de 9 mm. Lorsqu'il est sorti de son camp de chasse, il a trouvé quelqu'un qui l'attendait.

L'assassinat de Jordan, un prophète apôtre autoproclamé de l'Église de l'Agneau de Dieu, n'est que l'un d'une série de meurtres inexpliqués qui restent entourés de mystère.

Les Mormons ont pratiqué la polygamie jusqu'à la fin des années 1800. Puis, lorsque l'Utah a tenté de devenir un État, l'Église a décidé de mettre fin à la pratique consistant à avoir de nombreuses épouses. Plusieurs organisations se sont toutefois séparées de l'Église de Jésus-Christ des Saints des Derniers Jours et ont créé leurs propres interprétations du mormonisme. Chaque secte était dirigée par une personne qui prétendait détenir les clés du pouvoir. En conséquence, de nombreux groupes se sont réfugiés au Mexique, en Arizona ou en Californie.

Un de ces groupes de fondamentalistes a créé la "Colonia Juárez" à Chihuahua, au Mexique. Ervil LeBaron a grandi dans cette colonie.

Polygames, fils de fermier renvoyé de l'Église orthodoxe en 1924 en raison de ses opinions et enseignements bizarres. En 1944, Ervil et ses six frères ont été excommuniés.

Après la mort de son père, Joel LeBaron a déclaré qu'il avait la Clé du Pouvoir et a établi l'Église des Premiers Nés de la Plénitude des Temps. Joel s'est annoncé comme étant le prophète de Dieu et a demandé que toutes ses exigences soient satisfaites et suivies sans discussion.

Ervil n'était pas convaincu que Joël était vrai, et comme Ervil avait la position privilégiée de produire la majorité de la littérature de la secte, il pouvait enregistrer les faits tels qu'il les voyait. Il a déterminé qu'Adam était Dieu et que le Saint-Esprit était Joseph Smith, le fondateur du mormonisme. Ervil a également déclaré que la théologie de l'expiation par le sang exigeait l'exécution de tous les délinquants. De plus, il imaginait le "One Mighty and Strong" régnant sur tous les mormons.

L'inspecteur Forbes a déclaré qu'Ervil distribuait des lettres déclarant qu'il était l'autorité suprême et que tous les membres du groupe devaient lui payer la dîme. En 1970, Joel en a eu assez de cette désobéissance. Il a jugé Ervil instable et l'a démis de ses fonctions de chef de secte. Sans se décourager, Ervil a fondé l'Église de l'Agneau de Dieu et s'est déclaré être le vrai Puissant et Fort. En peu de temps, il a eu treize épouses et s'est lancé dans une campagne sanglante.

La police a prouvé qu'à partir de ce moment de la bataille secrète, les actes odieux se sont succédé à un rythme effréné :

Joel LeBaron est assassiné au Mexique sur l'ordre de son frère en août 1972.

En décembre 1974, un commando d'hommes et de femmes fait exploser la colonie mormone de Los Molinos au Mexique. Deux personnes sont assassinées et quinze autres sont blessées. Le raid aurait été commandé par Ervil LeBaron.

Ervil en conclut que Naomi Zarate, l'épouse d'un de ses disciples, a désobéi en janvier 1975. Peu après, elle disparaît et on ne la revoit plus jamais.

Robert Simons, de Grantsville, dans l'Utah, conteste la revendication d'Ervil et se proclame l'Unique Puissant et Fort en avril 1975. Cependant, Simons s'en va, et on suppose qu'il a été exécuté.

L'un des chefs militaires d'Ervil, Dean Vest, est horrifié par les exécutions et les meurtres et prévoit de faire défection en juin 1975. Mais, au lieu de cela, il est assassiné dans son sommeil.

Ervil est arrêté au Mexique en mars 1976 pour son rôle dans le meurtre de Joel. Après huit mois, sa condamnation à douze ans de prison est annulée de façon spectaculaire et il est libéré. Cependant, pendant son séjour en prison, il gagne de nouveaux admirateurs, dont le dealer d'héroïne Leo Peter Evonik.

En avril 1977, Ervil informe ses partisans que sa fille Rebecca s'est révoltée contre lui. Il la fait étrangler et enterrer dans un trou de montagne.

Le Dr Rulon Allred, chef de la plus grande secte polygame de l'Utah et principal adversaire d'Ervil pour le titre de prophète de Dieu, est assassiné à Murray, Utah, en mai 1977. LeBaron envoie une équipe de tueurs à l'enterrement d'Allred, mais les tireurs s'enfuient lorsqu'ils voient une forte protection policière. Ils s'enfuient au Texas pour éviter la colère d'Ervil pour l'échec de la mission.

Mai 1979 : Ervil est appréhendé par les autorités mexicaines, extradé vers l'Utah, et poursuivi et condamné pour le meurtre d'Allred et l'agression à la mitraillette de son frère Verlan LeBaron.

Ervil LeBaron est découvert mort dans sa cellule à la prison d'État de l'Utah en août 1981.

Selon le rapport officiel, il est mort d'une crise cardiaque.

Verlan LeBaron a été assassiné dans une collision suspecte de véhicules au Mexique en août 1981.

Brenda Lafferty et sa petite fille, Erica, sont découvertes mortes dans leur maison d'American Fork, dans l'Utah, victimes d'un meurtre rituel. Leurs cous ont été si gravement coupés que leurs têtes ont été presque décapitées.

Leo Peter Evoniuk, 52 ans, patriarche président de l'Église millénaire de Jésus-Christ, est porté disparu lors d'une visite d'affaires à Watsonville, Californie, en mai 1987.

Daniel Ben Jordan, cinquante-trois ans, prophète apôtre de l'Église de l'Agneau de Dieu, est attaqué alors qu'il chassait le cerf dans le sud de l'Utah en octobre 1987.

Le lieutenant Forbes a souligné que les personnes qui ont exécuté cette brutale bataille secrète devaient être considérées comme des chefs de clan, plutôt que comme la plupart des Mormons polygames, des personnes normalement respectueuses des lois et discrètes qui ne veulent pas faire de bruit.

Selon les forces de l'ordre, environ trente mille personnes font partie de dix organisations comme celle d'Ervil LeBaron dans les États du Sud et au Mexique. Ces organisations se livrent à des luttes de pouvoir pour s'emparer des bases financières des autres. Si elles assassinent des prophètes concurrents, de nombreux adeptes du défunt sont susceptibles d'affluer vers elles. Certaines de ces organisations sont extrêmement riches. D'autres, comme les os d'Ervil, sont pauvres. Cependant, elles sont toutes incroyablement privées et étroites.

AGENCE CENTRALE DE RENSEIGNEMENTS

Nommez pratiquement n'importe quelle conspiration, et la CIA est presque certainement impliquée d'une manière ou d'une autre.

Seuls les loyalistes purs et durs de Bush ont été étonnés lorsque la CIA a publié une série de dossiers secrets mettant à jour ses évaluations des renseignements d'avant-guerre sur les armes de destruction massive (ADM) de l'Irak. Tout Américain ayant un pouls se souvient que le président avait averti le pays, peu après les horreurs du 11 septembre 2001, que des "rapports de renseignement" indiquaient que l'Irak disposait de stocks importants d'armes chimiques et biologiques et qu'il s'efforçait d'acquérir une capacité nucléaire. Les conclusions des services de renseignement de la CIA ont été la principale raison de l'invasion de l'Irak en 2003, validant la nécessité pour les États-Unis de lancer une attaque préventive. Selon le livre Plan of Attack du journaliste Bob Woodward,

Le directeur de la CIA, George Tenet, a informé le président Bush que la découverte d'ADM en Irak serait un "coup d'éclat".

"La CIA a maintenant admis que ses estimations concernant les ADM étaient incorrectes", a déclaré la représentante Jane Harman, de Californie, principale démocrate de la Chambre,

Reuters a obtenu une déclaration de la commission du renseignement. Elle a également exhorté les agents de la CIA à s'engager dans une collecte agressive d'informations sur l'Iran et la

Corée du Nord, "dont on sait qu'ils ont tous deux des programmes actifs d'ADM".

La Central Intelligence Agency (CIA) a été créée en 1947 pour remplacer l'Office of Strategic Services (OSS), qui avait servi les États-Unis pendant la Seconde Guerre mondiale. La mission de l'Agence était d'acquérir des informations, de voler les secrets de l'Union soviétique et de déjouer les opérations des agents soviétiques. Mais c'était la guerre froide, avec le rideau de fer, les tactiques de lavage de cerveau, la subtile propagande communiste et la menace d'un dirigeant soviétique de nous enterrer.

Les énoncés de l'objet et de la mission de la CIA visent à inspirer la confiance dans l'honnêteté et la droiture de l'Agence : "Notre vision - Être la pierre angulaire d'une communauté du renseignement de classe mondiale aux États-Unis, réputée à la fois pour la haute qualité de notre travail et l'excellence de notre personnel. Notre mission - Sur ordre des présidents, nous menons des activités de contre-espionnage, des opérations spéciales et d'autres tâches liées au renseignement étranger et à la sécurité nationale. C'est en acceptant la responsabilité de nos actions que nous accomplissons notre travail. Nous nous efforçons de nous développer en permanence dans tout ce que nous faisons."

Les théoriciens de la conspiration ne croient pas aux fanfaronnades de la CIA, qui se vante de sa "vision et de son objectif". Selon des dénonciateurs au sein du gouvernement et à l'étranger, le gouvernement américain a fait transiter des centaines de milliards de dollars par l'Agence depuis le début des années 1950 pour financer les guerres, les opérations secrètes et les programmes militaires clandestins du pays. C'est la face cachée du gouvernement de l'ombre. La seule possibilité pour ces projets secrets de recevoir les fonds dont ils ont besoin sans provoquer une pénurie budgétaire nationale qui susciterait l'indignation du public est de s'engager dans des activités illégales. Notre gouvernement s'est battu en Asie du Sud-Est, a battu les talibans en Afghanistan et a envahi le Panama pour déposer Manuel Noriega afin de maintenir ses intérêts majeurs dans le commerce de la drogue dans ces endroits. La CIA prend des centaines de milliards de dollars chaque année pour des projets secrets. La CIA est active dans les opérations de drogue dans le Triangle d'or et le Croissant d'or de l'Asie du Sud-Est et au sud de la frontière américaine, comme au Panama et en Colombie. La CIA renégate opère à peine en dessous du radar. Elle mettrait en œuvre ces initiatives pour sauvegarder la richesse et le pouvoir de l'Amérique.

Les théoriciens de la conspiration savent que le gouvernement américain gère et contrôle de nombreuses nations étrangères depuis des décennies par l'intermédiaire de la CIA. Il a souvent tué ou privé de leurs droits les dirigeants étrangers de pays souverains et créé des administrations fantoches qui servent nos intérêts.

Pendant cinquante ans, la CIA a également effectué des tests chimiques et biologiques secrets sur le peuple américain, injectant des individus, pulvérisant des parties de villes et infectant des civils. À leur insu, jusqu'à 500 000 personnes ont été utilisées comme cobayes par le gouvernement. Des soldats, des minorités, des toxicomanes, des détenus, des homosexuels, et même des populations entières de grandes villes américaines ont été utilisés sans discernement. Depuis 1998, les théoriciens de la conspiration accusent le gouvernement caché de pulvériser des "chemtrails" dans le ciel des États-Unis, permettant à des substances mystérieuses de tomber sur la population.

L'assassinat du président John F. Kennedy, qui avait l'intention de mettre fin à la guerre du Viêt Nam et de déclasser la CIA, est peut-être le projet noir le plus souvent mentionné de la CIA et de forces malhonnêtes au sein du Pentagone, avec des membres de la mafia et des Cubains anti-Castro. Cependant, les théoriciens de la conspiration pensent que des individus malhonnêtes au sein de la CIA ont réalisé, planifié, aidé à organiser ou avaient connaissance de plusieurs autres initiatives maléfiques et activités infâmes. Voici quelques-unes des entreprises les plus souvent qualifiées de mauvaises par les théoriciens de la conspiration :

- L'assassinat de Martin Luther King Jr. et de Robert F. Kennedy.

- le meurtre de la plupart des dirigeants des Black Panthers ; la tentative d'assassinat de George Wallace

- Contrôle des expéditions d'opium au Laos et au Vietnam ; surveillance importante des ressortissants américains dans le pays.

- causant la mort de milliers de personnes au Vietnam et en Indonésie ; déclenchant des révolutions et des conflits dans des États mineurs à travers le monde ; Iran-Contra ;

- L'armement secret de l'Irak dans sa lutte contre l'Iran ; Des centaines de milliards de dollars ont été volés aux institutions d'épargne et de prêt.

- des dizaines de milliers de morts causées par des escadrons de la mort agissant comme des justiciers.

- Proxies des États-Unis

Michael Parenti écrit dans Dirty Truths : Reflections on Politics, Media, Ideology, Conspiracy, Ethnic Life, and Class Power que la CIA est par définition conspiratrice. La CIA peut avoir recours à "des actes secrets et des plans cachés, dont beaucoup sont de la nature la plus odieuse". Après tout, que sont les opérations secrètes si ce n'est des conspirations ?"

Selon les théoriciens de la conspiration, l'objectif ultime des organisations secrètes les plus élitaires et les plus secrètes a toujours été de concentrer tout le pouvoir économique et politique dans un nouveau réseau mondial entièrement contrôlé par le Nouvel Ordre Mondial. Pour atteindre cet objectif, ils doivent détrôner les États-Unis de leur puissance économique et politique actuelle. Ainsi, leur objectif actuel est de nous détruire de l'intérieur.

ÉGLISE DE SATAN

Le 30 avril 1966, Anton Szandor LaVey fonde la First Church of Satan à San Francisco, inaugurant ainsi l'ère de Satan.

Anton Szandor LaVey (1930-1997) s'est rasé la tête, a revêtu une tenue cléricale noire, avec un col blanc, et s'est déclaré grand prêtre de Satan le 30 avril 1966 (Walpurgisnacht, une nuit légendairement chérie par les adeptes du mal). LaVey déclare ouvertement que l'ère de Satan a commencé. C'était l'aube de la magie et de la pure perspicacité, et il en a profité.

À San Francisco, il a fondé la Première Église de Satan.

La croyance en des capacités magiques ou le culte de Satan ne sont pas des concepts nouveaux. Ce qui est nouveau, c'est que LaVey utilise le mot "église" dans le nom de son organisation. Il y avait des mariages, des enterrements et des enfants baptisés au nom de Satan, en plus des rites et rituels dédiés au Prince des Ténèbres.

Lorsque LaVey, le prêtre en chef de l'Église satanique d'Amérique, a épousé la mondaine Judith Case et l'écrivain indépendant John Raymond, il a dirigé les cérémonies sur une femme nue qui faisait office d'autel vivant. Plus tard, quand LaVey a décrit la signification du rite,

Il a déclaré aux journalistes qu'un autel ne devait pas être une dalle froide et dure de pierre ou de bois stérile. Au contraire, il doit représenter la passion et l'excès sans entrave.

La première cérémonie de mariage publique aux États-Unis par une secte démoniaque a été un véritable spectacle. La mariée a délaissé la traditionnelle robe blanche au profit d'une robe rouge vif. Le marié portait un pull à col roulé noir et un manteau assorti. Cependant, le grand prêtre a volé la vedette avec une cape noire doublée de soie écarlate et une capuche rouge sang avec deux cornes blanches en saillie.

En 1969, LaVey publie La Bible satanique, qui affirme les croyances de l'Église de Satan et déclare que le satanisme est "dédié à la puissance maléfique et cachée dans la nature, responsable du déroulement des événements terrestres pour lesquels la science et la religion n'ont aucune explication". Il a déclaré qu'il avait été inspiré de fonder la Religion of Satan parce qu'il voyait le besoin d'une église qui "reprendrait le corps de l'homme et ses pulsions charnelles comme objets de célébration". La Première Église de Satan ne reconnaît pas Satan comme une entité réelle, mais plutôt comme une métaphore du matérialisme. L'église maintient que Satan représente une attitude intérieure et ne devrait jamais être considéré comme un objet sur lequel les capacités humaines sont projetées pour adorer ce qui n'est qu'humain sous une forme extériorisée.

La Bible satanique est organisée en quatre divisions ou volumes, représentant l'un des quatre éléments occultes : le feu, l'air, la terre et l'eau. La première partie, intitulée "Livre de Satan", enseigne au lecteur que "les lourds livres de règles de l'hypocrisie ne sont plus nécessaires" et qu'il est temps de redécouvrir la loi de la jungle. Le "Livre de Lucifer", la deuxième partie, explique comment la divinité romaine Lucifer, le porteur de lumière, l'esprit de l'illumination, a été associée au mal par les croyances chrétiennes. Le "Livre de Bélial" est un traité fondamental sur la magie rituelle et cérémonielle écrit dans une terminologie sataniste. Enfin, le "Livre de Léviathan", la quatrième partie, met l'accent sur l'importance de la parole dans la magie inefficace.

La philosophie sataniste glorifie l'homme en tant qu'animal. Elle élève la faim sexuelle au-dessus de l'amour spirituel, estimant que ce dernier n'est qu'une mascarade. Selon le satanisme, il faut répondre à l'agression par la violence, et aimer son prochain est une irréalité utopique. Les satanistes considèrent la prière et la confession comme des gestes inutiles et futiles, pensant que le seul moyen d'atteindre ses objectifs est la sorcellerie et l'effort acharné - et que la meilleure façon de se soulager de la culpabilité est de l'éviter en premier lieu. Si les satanistes font une erreur, ils reconnaissent en vérité que l'erreur est humaine. Au lieu de tenter de se laver, ils enquêtent sur les circonstances pour trouver précisément ce qui a mal tourné et comment éviter que cela ne se reproduise. Ils pensent que l'étude et l'exécution de rituels mettant en évidence la nature sensuelle de l'homme et la canalisation de ce pouvoir vers la décharge d'énergie psychique ou émotionnelle sont la voie vers des degrés plus élevés de perfection personnelle et un examen des secrets les plus profonds de la vie.

Les religions chrétiennes, en particulier l'Église catholique romaine, étant considérées comme un anathème par le Prince des ténèbres, les satanistes utilisent des parodies de rites et de symboles chrétiens dans leurs rituels. La croix, par exemple, est utilisée, mais la longue poutre est tournée vers le bas. De même, les satanistes peuvent utiliser le pentagramme ou l'étoile à cinq branches, qui est généralement associé à la Wicca ou à la sorcellerie ; cependant, comme la croix, il est inversé, reposant sur un seul point plutôt que deux. Les satanistes croient que la parodie et l'inversion des rituels et des symboles d'autres religions ne sont pas faites dans le seul but de blasphémer, mais plutôt pour s'approprier et inverser le pouvoir inhérent au rituel ou au symbole pour les objectifs de Satan.

La Bible satanique présente neuf critères permettant de définir le satanisme à l'heure actuelle. Satan représente :

1. l'indulgence plutôt que l'abstinence ;

2. la vie vitale, plutôt que des fantaisies éthérées de tuyaux ;

3. la connaissance pure, plutôt que l'auto-illusion malhonnête ;

4. de la compassion à ceux qui la méritent, plutôt que de l'amour dépensé pour des abrutis ;

5. la vengeance, plutôt que de tendre l'autre joue ;

6. de rendre des comptes aux responsables, plutôt que de s'inquiéter des vampires psychologiques ;

7. L'homme n'est qu'un autre animal, le plus souvent pire que les animaux qui marchent à quatre pattes, qui, à la suite d'une croissance spirituelle et intellectuelle divine, a

1. devenir la bête la plus féroce de la planète ;

8. toutes les soi-disant transgressions qui entraînent une jouissance corporelle, mentale ou émotionnelle ;

9. le plus grand ami de l'Église depuis qu'il la fait vivre toutes ces années.

LaVey a rapidement attiré l'attention des médias, laissant souvent les journalistes voir les rites qu'il pratiquait sur l'autel vivant du corps nu d'une femme dans son église, la fameuse "Maison noire", qui était autrefois un bordel. L'attention des stars de cinéma, son emploi en tant que consultant technique sur des films comme Rosemary's

Baby, et la haine de millions de chrétiens fervents, qui considéraient LaVey comme une forme d'antéchrist, tout cela est arrivé en même temps. Après quelques années de menaces de mort et de persécution, LaVey est entré dans la clandestinité, a annulé tous ses événements publics et a rebaptisé sa religion en organisation secrète.

En 1991, un tribunal a ordonné à LaVey de vendre le "Black Horse", ainsi que des souvenirs tels qu'une tête réduite et un loup empaillé, et de partager l'argent avec sa femme, Diane Hagerty, dont il était séparé.

Le 30 octobre 1997, LaVey meurt la veille d'Halloween. Sa succession fait immédiatement l'objet d'une bataille judiciaire entre sa fille aînée, Karla, et Blanche Barton, sa compagne de toujours et la mère de son fils Xerxes (la fille cadette de LaVey, Zeena, a quitté l'Église de Satan et est devenue prêtre du Temple de Set en 1990). La Première Église de Satan est toujours active aujourd'hui, dirigée par la Grande Prêtresse Blanche Barton et le Magister (Grand Prêtre) Peter H. Gilmore.

Interrogé récemment sur la conclusion des experts du Nouveau Testament selon laquelle le nombre tant redouté de la Bête de l'Apocalypse pourrait être 616, et non 666, le Magister Gilmore a déclaré que les satanistes utiliseraient toujours tout ce qui effraie les chrétiens. Que le nombre soit 616 ou 666 ne fait aucune différence ; le sataniste utilisera celui qui est le plus méprisé.

TSUNAMI EN ASIE EN 2004

Les théoriciens du complot ont rapidement identifié toutes les causes possibles du tsunami dévastateur, depuis une opération militaire secrète jusqu'à des extraterrestres corrigeant la rotation de la Terre.

Le 26 décembre 2004, tôt dans la journée, un tremblement de terre de magnitude 9,3 a secoué le fond de l'océan au nord de Sumatra, provoquant la montée de milliards de tonnes d'eau salée. Des vagues géantes ont déferlé sur les plages de Sumatra, de Thaïlande et du Sri Lanka, s'écrasant sur des milliers d'habitants, de vacanciers et de visiteurs internationaux sans méfiance. L'énorme tsunami a tué près de 300 000 personnes et a poursuivi son chemin mortel jusqu'à ce qu'il déploie toute sa force sur les plages du Kenya.

Quelques jours seulement après cet horrible événement, les théoriciens de la conspiration du monde entier se sont employés à discréditer les affirmations des experts concernant une catastrophe naturelle. Ces personnes soutenaient qu'il ne s'agissait pas d'un acte de Dieu mais plutôt d'un acte intentionnel d'hommes cruels. Voici quelques-unes des théories les plus populaires :

L'armée américaine a discrètement développé une arme écologique mortelle.

Les ondes électromagnétiques ont dévasté l'écosystème et provoqué le tremblement de terre qui a entraîné le tsunami.

L'une des superpuissances avait testé une bombe nucléaire sous-marine qui s'est avérée beaucoup plus puissante que prévu.

L'armée et le département d'État des États-Unis avaient été informés très tôt de l'arrivée du tsunami, mais ils n'ont pas fait grand-chose pour avertir les nations asiatiques.

Tous les gouvernements du monde étaient conscients de l'imminence du tsunami monstre mais n'ont rien fait pour prévenir les victimes sur son passage afin de se conformer à l'objectif du Nouvel Ordre Mondial de réduire la population planétaire.

Des extraterrestres bénéfiques avaient observé que la rotation de la terre était devenue inégale et instable et avaient tenté de fixer son orbite. Finalement, après le tsunami, des scientifiques en Inde ont déterminé que la rotation de la planète était devenue plus stable.

L'AMERICAN PROTECTIVE ASSOCIATION

En réponse à un prétendu complot catholique visant à prendre le contrôle des États-Unis.
États-Unis, l'APA a créé un club secret pour
garder tous les catholiques hors de la fonction publique.

L'American Protective Association (APA) était un club proscrit clandestin aux États-Unis qui s'efforçait d'empêcher les catholiques romains d'accéder aux fonctions politiques. Au cours des années 1890, l'organisation est devenue une présence désagréable dans le paysage politique de la plupart des États du Nord, mais elle a eu un effet limité dans le Sud.

À l'exception de quelques membres en Géorgie et au Texas, le Sud.

Le 13 mars 1887, Henry F. Bowers, un avocat du Maryland âgé de soixante ans, crée l'APA à Clinton, dans l'Iowa. Bowers, un franc-maçon, s'est largement inspiré des rituels maçonniques pour créer des insignes élaborés, des rites d'initiation et un serment secret obligeant les membres à s'efforcer à tout moment "de placer la position politique de ce gouvernement entre les mains des protestants, à l'exclusion totale de l'Église catholique romaine, de ses membres et du mandat du pape". L'APA a capitalisé sur les préjugés des protestants à l'égard des catholiques pour obtenir des adhésions. De nombreux francs-maçons, qui excluaient déjà les catholiques de leur organisation fraternelle, se sont joints à la campagne visant à écarter les catholiques des fonctions publiques.

En 1893, l'APA commence à diffuser activement des documents anticatholiques et organise des conférences publiques en se faisant passer pour d'anciens prêtres qui révèlent les odieux secrets de l'Église catholique. Certains de ces faussaires prétendaient avoir été témoins d'une bulle papale appelant au massacre des protestants le jour ou aux alentours de la fête de saint Ignace en 1893. En 1894, l'APA compte soixante-dix tabloïdes hebdomadaires.

Mensonges calomnieux sur l'Église catholique L'affirmation selon laquelle Terence V. Powderly, le commandant des Chevaliers de Colomb, était à la tête de ce groupe catholique dans un vaste complot contre toutes les institutions américaines figurait en bonne place dans les rapports.

Bowers est réélu président national de l'APA en 1898. Pourtant, l'organisation n'a pas réussi à influencer des changements significatifs dans les lois ou les politiques gouvernementales. Elle s'est progressivement éteinte, ne laissant qu'un héritage d'animosité entre catholiques et protestants, vulnérable aux allégations de complots catholiques.

COINTELPRO : LA GUERRE SECRÈTE DU FBI CONTRE L'AMÉRIQUE

Dans notre jeunesse, nous pensions que le FBI défendait la vérité, la justice et le mode de vie américain. Cependant, le directeur J. Edgar Hoover a donné carte blanche à ses agents pour poursuivre certains groupes extrémistes.

Pour s'opposer à l'expansion des mouvements radicaux dans les années 1950, 1960 et 1970, le FBI et la police ont étendu leurs pouvoirs légalement autorisés dans ce qu'ils considéraient comme des abus légitimes des libertés individuelles garanties par la Constitution. J. Edgar Hoover, directeur du FBI, a ordonné à ses agents sur le terrain d'"exposer, perturber, détourner, discréditer et neutraliser de toute autre manière" certaines organisations cibles. L'American Indian Movement, le Parti communiste, le Socialist Workers Party, les groupes nationalistes noirs, les Students for a Democratic Society et un large éventail de groupes anti-guerre, antiracistes, écologistes et féministes. Les groupes de lesbiennes et d'homosexuels faisaient partie des groupes jugés perturbateurs du tissu de la société américaine. Martin Luther King Jr. et tous les groupes qui recherchent la justice sociale ou raciale, comme la NAACP, font l'objet d'attaques spécifiques.

De nombreuses organisations, dont la Lawyers Guild et l'American Friends Service Committee, sont impliquées.

À l'extrême, des opérations secrètes ont été utilisées. La mission des agents de terrain n'était pas seulement d'espionner les chefs de groupe et de signaler tout "acte non américain", mais aussi de les dénigrer personnellement et de ruiner leur réputation.

Ceux qui ont toujours pensé que le FBI respectait les normes les plus strictes et protégeait avec acharnement la vérité, la justice et le mode de vie américain seraient très déçus de découvrir qu'un agent du FBI travaillant sur les instructions de Hoover s'est livré à des crimes aussi odieux et criminels que les suivants :

- Des rapports faux et diffamatoires concernant les leaders radicaux étaient souvent diffusés dans les médias ;

- Ils ont falsifié des signatures sur des communications personnelles et des documents publics ; ils ont produit et distribué des prospectus fictifs au nom de leurs groupes cibles ;

- a passé des appels téléphoniques anonymes et provocateurs à des personnalités en se faisant passer pour des dirigeants d'organisations ciblées réclamant la justice sociale ou raciale ;

- Les réunions de nombreuses organisations ont été annoncées, avec des dates et des heures inexactes publiées ;

- Ils se font passer pour des membres d'organisations radicales ou de défense des droits civiques et créent de fausses cellules pour recueillir des informations sur le type de personnes attirées par ces organisations.

- De fausses arrestations ont été effectuées pour obtenir les casiers judiciaires des dirigeants et des membres de l'organisation ciblée ;

- Des faux témoignages et des preuves fabriquées ont été utilisés au tribunal, entraînant des condamnations injustes.

- Pour intimider certaines organisations ciblées, en particulier les militants noirs, portoricains et amérindiens, les agents du FBI et les policiers ont menacé de recourir à la violence physique, ont pénétré par effraction dans les bureaux des organisations et les ont détruits, et ont administré des coups sauvages.

Le Comité des citoyens pour enquêter sur le FBI réussit à retirer des documents confidentiels d'un bureau du FBI à Media, en Pennsylvanie, et à les rendre publics au début de 1971. Le programme de contre-espionnage national (COINTELPRO) du FBI a été révélé. La même année, les Pentagon Papers, des documents gouvernementaux top secrets sur la guerre du Vietnam, sont rendus publics. Plusieurs agents du FBI ont commencé à quitter l'agence, révélant d'autres vérités odieuses sur le COINTELPRO. De hauts responsables du gouvernement ont été mis mal à l'aise par les révélations selon lesquelles le FBI avait utilisé des "coups bas" sur des citoyens américains simplement parce qu'ils organisaient des rassemblements contre la guerre ou des marches et des sit-in pour la justice sociale et raciale. L'attaque coordonnée contre les droits, la réputation et la vie des gens a été condamnée comme un acte de terrorisme gouvernemental.

Les commissions du Sénat et de la Chambre des représentants ont lancé des enquêtes approfondies sur les tactiques utilisées par le gouvernement pour acquérir des informations et mener des opérations secrètes. Ces audiences ont mis en lumière de vastes opérations illégales impliquant le FBI, la CIA et d'autres agences gouvernementales.

Les services de renseignement de l'armée américaine, la Maison Blanche, le procureur général et les forces de l'ordre des États et des municipalités ont été utilisés contre les personnes qui contestaient la politique nationale et internationale.

Même si le scandale COINTELPRO a entraîné une réforme temporaire des abus du gouvernement dans les années 1970, le secret officiel a été rétabli. La loi sur la liberté d'information, qui était cruciale pour révéler des opérations comme COINTELPRO, a été abrogée par l'administration Reagan par le biais d'actes administratifs, judiciaires et législatifs. Selon les défenseurs des droits civiques, bon nombre des actes criminels secrets menés pendant le COINTELPRO ont été approuvés par le décret 12333 du 4 décembre 1981. Il est inquiétant de constater que ce qui a été autorisé est très probablement encore pratiqué.

WILLIAM COOPER

***Milton William Cooper :** une autorité en matière d'OVNIs ?*
Êtes-vous un théoricien de la conspiration ? Êtes-vous un membre de la Navy
Intelligence Service ? Une personnalité radiophonique controversée ?
Un commandant de milice ? Survivaliste ? Un patriote ? Fanatique ?
Qui est l'homme le plus dangereux d'Amérique ?

William "Bill" Cooper (1943-2001) était un célèbre théoricien de la conspiration et un patriote. Il s'est exprimé sur la Constitution, l'assassinat de JFK, la Commission trilatérale, le groupe Bilderberg, les Illuminati, le Nouvel ordre mondial, les ovnis et le gouvernement mondial unique.

L'enquête approfondie de Cooper sur les informations qu'il a "trouvées par hasard", ainsi que ses références militaires top secrètes, ont propulsé ce qu'il a fini par considérer comme sa mission. Pendant plus de dix ans, il a parlé et enseigné dans tous les États du pays et dans le monde entier, tout en concevant autant de méthodes et de moyens que possible pour que ses découvertes soient connues du public. Son désir de distribuer des informations ou de "diffuser la vérité", comme il l'entendait, est devenu le but de sa vie.

Cooper a connu une renommée internationale en tant que personnalité de la radio avec The Hour of the Time (ou HOTT), une émission de radio mondiale sur ondes courtes de WBCQ qu'il a créée et animée pendant une heure tous les lundis et jeudis soirs. Il a souvent dit qu'en parlant ouvertement des risques énormes qu'il prenait, il serait atténué par le fait de se présenter au public avec une audience aussi large que possible. De cette façon, disait-il, s'il était "éliminé définitivement", les gens auraient à penser qu'il était une cible intentionnelle pour être réduit au silence. Plus il y aura de gens qui écouteront ses émissions de radio, verront ses productions vidéo, écouteront ses cassettes et ses conférences, ou liront l'une ou l'autre de ses nombreuses publications, y compris les journaux, les bulletins d'information et les livres, mieux ce sera, même si cela signifie sa mort. "Réveillez-vous, les amis, ne faites pas confiance à moi ou à quelqu'un d'autre ; enquêtez par vous-même", disait-il toujours en invitant son public à faire des recherches et à se forger sa propre opinion.

Cooper a averti que tout enregistrement, qu'il s'agisse de biens, de sécurité sociale ou de réglementation des armes à feu, est un outil conçu pour collecter des informations sur les individus afin de les asservir en fin de compte. Il n'a cessé de parler des objectifs primordiaux du Gouvernement Mondial Unique secret. En outre, on prétend que les cartes de crédit, les permis de conduire, les comptes bancaires et d'autres articles de ce genre font tous partie de l'initiative "Un monde unique".

Il a encouragé avec colère les auditeurs à être informés que presque toutes les données - même les données médicales - seront codées dans une puce informatique obligatoire ou un dispositif de surveillance similaire et implantées dans chaque personne entièrement dépendante et soumise au gouvernement caché. Toutes les transactions monétaires, y compris les revenus, les achats et même les impôts, seront codées par ces puces. Personne ne pourra gagner sa vie ou acheter ou vendre quoi que ce soit sans en avoir une implantée.

Cooper a soutenu que si notre société et chaque individu qui la compose agissaient honnêtement et avec pureté, un tel système Big

Brother ne serait pas menaçant ; cependant, en raison des intentions malveillantes, des désirs et de la cupidité de certains élitistes, la manipulation ultime et la domination totale des masses seraient désastreuses.

Les conférences de Cooper étaient complétées par des documents, des graphiques et des recherches approfondies, et il a souvent martelé l'un de ses points les plus contrariants : il est illégal de forcer les individus à payer des impôts. De plus, il a soutenu qu'il est illégal de proclamer la nécessité pour les résidents de payer des impôts, citant la Déclaration d'indépendance et la Constitution comme preuve que les États-Unis d'Amérique sont une république depuis leur création. C'était l'une de ses principales raisons, et c'était aussi l'une des plus mortelles. "Nous, les Américains, avons aveuglément et fidèlement succombé à cela, et c'est mal", hurlait-il.

Cooper a été élevé dans une famille de l'armée de l'air et a déménagé de ville en ville et de pays en pays. Ainsi, il a été scolarisé, a vécu ou a voyagé dans la plupart des grandes nations du monde, ce qui lui a donné une perspective globale. À l'âge adulte, il a mené une brillante carrière militaire, détenant plusieurs autorisations top secrètes qui se sont révélées plus tard instructives à un point qu'il n'avait pas prévu. Il a rejoint le Strategic Air Command de l'armée de l'air américaine, où il a obtenu une habilitation secrète et a travaillé sur des bombardiers B-52, des avions de ravitaillement et des missiles Minuteman pendant un certain temps, jusqu'à ce qu'il reçoive une décharge honorable. Son désir de s'engager dans la marine avait déjà été anéanti par le mal des transports. Après avoir surmonté cette maladie, il s'est engagé dans la marine après avoir quitté l'armée de l'air, et a participé à des missions sous-marines pendant certaines des années les plus difficiles de la guerre du Vietnam. Au Vietnam, il a également pris part à des opérations de patrouille portuaire et de sécurité fluviale, et il a été décoré pour sa bravoure et son leadership au combat.

Cooper a également fait partie de l'équipe de briefing en matière de renseignement pour le commandant en chef de la flotte du Pacifique et a été officier marinier de quart au centre de commandement de Makalapa, à Hawaï, où il a conservé une habilitation de sécurité Top Secret, Q, SI. Après avoir reçu une décharge honorable de la marine en 1975, il a poursuivi ses études. Il a obtenu un diplôme d'associé en sciences de la photographie et a travaillé, entre autres, comme directeur exécutif de l'Adelphi Business College. Il a également été coordinateur marketing pour National Education and Software. Ces activités lui ont permis d'acquérir l'expérience et les compétences qu'il a finalement utilisées pour créer et promouvoir ses films lorsque sa véritable vocation est devenue évidente.

Les commentaires et les affirmations audacieuses de Cooper ont attiré l'attention des représentants du gouvernement. Sachant cela, il a toujours affirmé qu'il préférait partir dans un feu de gloire plutôt que de rester silencieux. Voyant un énorme clash se profiler à l'horizon, Cooper a emmené sa famille hors du pays en mars 1999 pour leur sécurité. Il est resté dans sa maison d'Eagar, en Arizona, pour terminer son travail, accompagné seulement de ses "oies de garde", de deux chiens, d'un coq et d'un poulet. Cooper a été tué par balle lors d'une descente du département du shérif du comté d'Apache à son domicile le 5 novembre 2001.

Il y a généralement des comptes rendus contradictoires de toute situation donnée, et celle-ci ne fait pas exception. Plusieurs comptes rendus du bureau du shérif indiquent que l'incident n'était pas un raid planifié du SWAT sur la maison de Cooper mais plutôt une simple "confrontation" entre la police et Cooper qui a culminé par un échange de coups de feu. Robert Martinez, un officier du comté d'Apache, a également été grièvement blessé. Selon certains récits, les coups de feu se seraient produits lors d'une tentative d'arrestation. Quoi qu'il en soit, de nombreux auditeurs et partisans de Cooper pensent que cet événement n'est que le meurtre de l'une des premières personnes à exposer le gouvernement pour ce qu'il est. Bien qu'ils admettent que Cooper n'était pas un homme facile à vivre, ces partisans croient que les autorités ont dissimulé des preuves de la fusillade, et les affirmations de ce genre ont depuis servi d'aliment provocateur à ceux qui crient que son "meurtre" était lui-même une conspiration pour faire taire Milton William Cooper une fois pour toutes.

MOUVEMENT POUR LA CRÉATIVITÉ

Le Mouvement de la Créativité est une religion qui croit exclusivement
à la race blanche et ne croit pas en Dieu,
au paradis, à l'enfer, ou à la vie éternelle.

Même si le slogan du Mouvement de la créativité est "RaHoWa" (Racial Holy War),

War) se déclare une religion raciale. Comme les membres de l'organisation sont connus, les Créateurs ne croient pas en Dieu, au paradis, à l'enfer ou à la vie éternelle. Selon les Créateurs, si vous êtes de la race blanche, vous avez déjà tout. Vous êtes, après tout, "la création ultime de la nature". "Ce qui est bénéfique pour la race blanche est la plus grande vertu ; ce qui est nuisible à la race blanche est le péché ultime", selon l'interprétation de la règle d'or par les Créateurs.

Ben Klassen a lancé le Creativity Movement en 1973 sous le nom de Church of the Creator (COTC). Né en Ukraine et élevé au Canada, Klassen a été membre de nombreux groupes d'extrême droite, dont la John Birch Society, qu'il a fini par condamner. Il a été le président en Floride de la campagne présidentielle de George Wallace en 1968. Il a travaillé sur un livre intitulé Nature's Eternal Religion, dont il espérait qu'il remplacerait les valeurs judéo-démocratiques-marxistes qui empoisonnaient la vie contemporaine par un nouveau concept de race en tant qu'incarnation transcendante de la vérité absolue. Le christianisme, en revanche, était une foi suicidaire. À soixante-quinze ans, Klassen s'est suicidé le 6 août 1993 en avalant quatre bouteilles de somnifères.

La vie de Klassen ne se déroulait pas bien alors qu'il approchait de la fin. Il avait quelques adeptes à sa nouvelle religion, mais le 17 mai 1991, l'un des membres du clergé du COTC, George Loeb, a tué un vétéran noir de la guerre du Golfe et a été condamné à la prison à vie sans possibilité de libération pendant les vingt-cinq années suivantes. La famille du marin mort, soutenue par le Southern Poverty Law Center, a déposé en 1992 une plainte pour culpabilité indirecte d'un million de dollars contre le COTC. M. Klassen s'est empressé de vendre tous ses biens et de se dissocier du COTC. Son premier candidat à la tête du groupe a purgé une peine de six ans pour avoir fourni de la viande contaminée aux cafétérias des écoles publiques. Le deuxième choix était un livreur de pizza de Baltimore, mais à la dernière minute, le poste a été pourvu par un skinhead de Milwaukee qui a dirigé le COTC jusqu'en janvier 1993. Klassen a remplacé le skinhead par Richard McCarty, télémarketing, juste avant sa mort en août 1993.

Sous la direction de McCarty, le COTC s'est effondré. Moins d'un an après la mort de Klassen, le Southern Poverty Law Center a intenté une action en justice pour dissoudre le

L'Église du Créateur, McCarty l'a retournée rapidement.

Matt Hale a entendu parler du COTC alors qu'il fréquentait l'université Bradley à Peoria, dans l'Illinois, au début des années 1990. Pourtant, il n'a pas manifesté un grand intérêt pour l'organisation jusqu'à ce qu'il ait l'occasion d'en prendre la direction en 1995. Hale était attiré par Hitler et le national-socialisme depuis son enfance, et il étudiait Mein Kampf et la littérature des groupes racistes depuis qu'il était en huitième année. Le 27 juillet 1996, jour du vingt-cinquième anniversaire de Hale, un groupe d'anciens du COTC, connu sous le nom de Comité des gardiens de la foi, le nomme pontifex Maximus, ou "plus grand prêtre" de l'organisation, qu'il rebaptise World Church of the Creator (WCOTC). Hale insuffle une nouvelle vitalité à l'organisation et attire de nombreux jeunes hommes vers la WCOTC, dont beaucoup deviennent des membres engagés.

Hale est diplômé en droit de la Southern Illinois University et a passé l'examen du barreau en 1999. Toutefois, en raison de son racisme bien connu, le barreau de l'État lui a retiré son autorisation d'exercer. En conséquence, Hale a utilisé ce refus comme une nouvelle astuce de marketing. Il est apparu dans divers talk-shows à la radio et dans des émissions de télévision à sensation animées par Ricki Lake, Leeza Gibbons et Jerry Springer. En outre, dans une émission de NBC intitulée "Web of Hate", Tom Brokaw l'a présenté.

En 1999, Benjamin Smith, membre du WCOTC, s'est lancé dans une folie meurtrière qui a commencé le 4 juillet, tuant deux personnes et en blessant neuf autres, toutes membres des minorités ethniques et religieuses afro-américaines, asiatiques et juives. Hale a d'abord nié connaître Smith, mais après avoir médité sur la dévastation causée par ce dernier, il a déclaré que toute cette perte était due à un seul homme blanc.

Le WCOTC a perdu une action en violation du droit d'auteur lancée contre lui en novembre 2002 par la Fondation Te-Ta-Ma Truth, qui avait déposé la marque "Church of the Creator" plusieurs années auparavant. M. Hale ne s'est pas conformé à l'ordre de la juge Joan Humphrey Lefkow du tribunal de district des États-Unis de cesser d'utiliser le nom de l'Église du Créateur sur des sites Web et d'autres documents imprimés. Lorsqu'il s'est présenté au tribunal pour une audience pour outrage à magistrat en janvier 2003, il a été arrêté pour avoir comploté d'assassiner la juge.

Le 7 mars 2005, la juge Lefkow est rentrée chez elle après le travail pour découvrir son mari, l'avocat Michael F. Lefkow, et sa mère, Donna Humphrey, morts dans des mares de sang, apparemment tués par des blessures par balle à la tête. Matt Hale a immédiatement été accusé d'avoir organisé et dirigé les meurtres.

En guise de représailles contre le juge, il s'est échappé de sa cellule de détention. Hale a maintenu son innocence, et il a été déclaré non coupable dans cette affaire après que Bart Ross, qui était en colère contre le juge Lefkow pour avoir rejeté une action en justice pour faute professionnelle qu'il avait intentée, ait écrit une lettre de suicide dans laquelle il admettait avoir commis les meurtres. Pour avoir planifié le meurtre du juge Lefkow en 2003, Hale a été condamné à quarante ans de prison le 6 avril 2005.

Ben Klassen a créé La Bible de l'homme blanc en 1981, qui est devenue une lecture obligatoire pour tous les membres du Creativity Movement. Parmi les principes contenus dans la "Bible" de Klassen figurent les suivants :

- Les non-Blancs, ou "races de boue", sont des sous-hommes et les adversaires naturels de la race blanche.

- Les Juifs sont l'adversaire le plus mortel de la race blanche, qu'ils tentent de "mongréliser" pour réaliser leur objectif historique ultime, à savoir l'asservissement complet de toutes les races de la planète.

- Le christianisme est une "concoction" juive destinée à intimider les enfants naïfs avec la notion de damnation et à les terrifier pour les asservir.

- Toute culture et civilisation significatives sont l'œuvre des blancs.

- Qu'il soit religieux, politique ou racial, tout problème doit être évalué à travers les yeux de l'homme blanc et "exclusivement du point de vue de la race blanche dans son ensemble."

ATLANTIS

L'Atlantide était une magnifique société perdue dotée d'une technologie supérieure à la nôtre, ainsi qu'un âge d'or qui a inspiré des dizaines d'organisations secrètes et des milliers de rêveurs, de poètes, de mystiques et d'archéologues audacieux.

Ignatius Donnelly (1832-1901) a écrit Atlantis : The Antediluvian World en 1882, suggérant que chaque civilisation est une descendante de l'Atlantide. Selon Donnelly, les traits qu'elles partagent résultent d'un contact avec les Atlantes, des membres de l'ancienne civilisation qui ont échappé à la destruction lors de ses derniers jours catastrophiques et ont réussi à transmettre leurs connaissances à d'autres peuples du monde, aidant à civiliser les sociétés primitives et transmettant le culte secret de l'Atlantide. Parmi ces constructions figurent les pyramides d'Égypte et des Amériques, le Sphinx d'Égypte et les mégalithes d'Europe occidentale.

attribuée à l'intelligence des Atlantes.

Dans les années qui ont suivi la parution du livre controversé de Donnelly, les croyants ont attribué aux Atlantes la capacité de fabriquer de l'électricité, de créer des machines volantes et d'exploiter l'énergie nucléaire à des fins énergétiques et guerrières.

Plus de 9 000 ans avant ces objets, ils existaient dans la culture contemporaine. Certains prétendent que les Atlantes connaissaient un puissant rayon mortel, des secrets de lévitation et des formes d'énergie pure via des cristaux. De nombreux croyants de l'Atlantide pensent que les habitants du continent perdu avaient des liens cosmiques avec des extraterrestres et que le continent perdu était une colonie fondée sur Terre par des explorateurs extraterrestres.

À la fin des années 1960, des plongeurs sous-marins explorant la zone située près de l'île de Bimini, aux Bahamas, ont découvert ce qui semblait être des routes, des murs et des bâtiments sous l'eau, à l'endroit exact prédit par Edgar Cayce (1877-1945), un médium très admiré dont les "lectures de vie" pour ses clients ont révélé que nombre de leurs traumatismes psychologiques actuels résultaient d'incidents terribles dont ils avaient été témoins. Selon Cayce, une grande partie de leurs difficultés provenait de leurs expériences en tant qu'habitants de l'Atlantide.

Cayce a contribué à populariser une vision modernisée de l'Atlantide comme une culture sophistiquée capable d'inventer des avions, des sous-marins, des rayons X, des technologies anti-gravité, des cristaux qui exploitent l'énergie solaire et des explosifs puissants. Il a émis l'hypothèse qu'une terrible explosion survenue en 50 000 avant J.-C. a séparé l'Atlantide en cinq îles, suivie d'une autre rupture en 28 000 avant J.-C. et d'une troisième en 10 000 avant J.-C. Cayce a déclaré être un prêtre atlante vers 10 500 avant J.-C. qui a prévu la dévastation à venir et a envoyé certains de ses disciples en Égypte pour guider la construction du Sphinx et des Pyramides.

Cayce a prophétisé en 1940 que des fragments de l'Atlantide referaient surface aux Bahamas à la fin des années 1960. En 1967, deux pilotes ont repéré un objet rectangulaire dans l'eau au large de la côte d'Andros, la plus grande île des Bahamas. Ensuite, des plongeurs ont découvert une autre structure en pierre en forme de "J" au large de Bimini. On pensait que cette structure en forme de J représentait un chemin de pierre. De grandes excursions de plongée étaient régulièrement organisées dans la région, et certains plongeurs ont affirmé avoir repéré des fragments de temples, de piliers et de pyramides.

Les passionnés d'Atlantide pensent que les autorités gouvernementales, ecclésiastiques et scientifiques conspirent pour dissimuler les preuves de l'existence de l'Atlantide au grand public. Ils affirment que si l'existence de l'ancienne civilisation sophistiquée était formellement acceptée, les hypothèses actuelles sur l'histoire et l'évolution de l'humanité devraient être radicalement modifiées. L'acceptation d'une super civilisation primordiale mettrait en péril la civilisation existante.

La compréhension de l'histoire est devenue démodée. Trouver la preuve indiscutable d'une grande culture mondiale qui a prospéré alors que le reste de l'humanité luttait pour exister à un niveau rudimentaire ébranlerait la compréhension traditionnelle de la croissance de la civilisation.

Platon (427-347 avant J.-C.) a caractérisé l'Atlantide comme un état d'ordre parfait et une civilisation modèle dans ses écrits. Il décrit l'île-continent et la façon dont les Atlantes ont conquis tous les globes connus, sauf Athènes, dans deux de ses dialogues, le Timée et le Critias. Critias, du nom de l'arrière-grand-père de Platon, principal interlocuteur dans la conversation, propose une histoire de la civilisation atlante et dépeint la société parfaite qui y existait. Selon Critias, les récits ont été transmis par son ancêtre, Solon (615-535 av. J.-C.), un homme d'État et un poète qui a beaucoup voyagé.

Les prêtres égyptiens de la ville de Saïs, dans le delta du Nil, ont appris à Solon qu'il existait autrefois un lieu encore plus ancien que l'Égypte, que les Grecs acceptaient comme étant plusieurs siècles plus ancien que leur propre culture. Les prêtres ont décrit l'Atlantide, une grande île-continent qui a prospéré quelque huit mille ans auparavant et qui était située au-delà des piliers d'Hercule, la désignation grecque des falaises qui forment le détroit de Gibraltar, le point le plus occidental de la mer Méditerranée. L'océan Atlantique se trouve au-delà du détroit. La principale métropole, également connue sous le nom d'Atlantide, était située au milieu d'une série d'anneaux concentriques qui alternaient entre des bandes de terre et de mer. Les anneaux d'eau servaient de routes commerciales et contribuaient à former un ensemble de barrières naturelles qui rendaient l'Atlantide extrêmement difficile.

Bien que l'Atlantide possède une importante force de troupes professionnelles, la culture les encourage à étudier, ce qui se traduit par des améliorations en matière d'ingénierie et de science qui rendent le continent abondant, attrayant et puissant. Un réseau de ponts et de tunnels reliait les cercles terrestres, et l'exploitation intelligente des ressources naturelles apportait sécurité et abondance. De nombreux arbres ont apporté paix et beauté, les champs de course ont été utilisés pour des tournois sportifs et les systèmes d'irrigation ont permis de maintenir des récoltes abondantes.

Selon Platon, les habitants de l'Atlantide sont devenus corrompus et cupides, privilégiant les intérêts personnels au détriment du bien commun. Pour acquérir une domination mondiale, ils ont commencé à envahir les pays voisins. Poséidon, le dieu de la mer, était enragé par ces développements et a détruit la civilisation, martelant le continent avec des tremblements de terre et des inondations jusqu'à ce que l'océan avale l'Atlantide.

Certains ont établi un lien entre le récit très répandu de la disparition de l'Atlantide et d'autres événements apocalyptiques, tels que les légendes d'un vaste déluge dans la Bible, l'épopée de Gilgamesh et les mythes de déluge dans d'autres nations. En outre, certains affirment que la fin de l'ère glaciaire, entre 12 000 et 10 000 avant notre ère, a entraîné une augmentation du niveau des eaux à l'échelle mondiale, ainsi que des tremblements de terre, des éruptions volcaniques et des changements de température qui étaient soit accidentels, soit liés à l'ère glaciaire.

l'époque associée à la disparition de l'Atlantide

En décembre 2001, des explorateurs utilisant un sous-marin miniature pour sonder le plancher océanique au large des côtes de Cuba ont annoncé la découverte de structures en pierre dans les profondeurs de l'océan qui évoquaient des ruines laissées par des civilisations inconnues il y a des milliers d'années, ce qui a convaincu les amateurs du continent perdu. Selon des représentants de la société canadienne Advanced Digital Communications et des scientifiques de l'Académie des sciences de Cuba, les bâtiments se sont répandus comme s'ils étaient les vestiges d'une zone urbaine à une profondeur d'environ 2 100 pieds. L'ancienne métropole sous l'eau a été estimée à plus de 6 000 ans, soit environ 1 500 ans avant les célèbres pyramides de Gizeh en Égypte. Que cette découverte intéressante soit l'Atlantide ou la preuve d'un pont terrestre qui reliait autrefois Cuba à l'Amérique du Sud continentale, elle sera controversée.

ANTICHRIST

Pour de nombreux chrétiens, la plus grande de toutes les conspirations sera celle perpétrée par l'antéchrist contre les disciples du Christ ressuscité.

Bien que le terme "antéchrist" soit généralement lié au livre apocalyptique du Nouveau Testament, il n'apparaît nulle part dans ce texte. L'auteur de l'épître affirme dans 1 Jean 2:18 que "l'ennemi du Christ" est apparu et que de nombreux faux professeurs sont entrés dans les rangs des chrétiens. Au verset 22, Jean identifie quiconque nie que Jésus est le Christ, le Père et le Fils comme l'antéchrist, et en 2 Jean 7, il affirme que de nombreux trompeurs sont actuellement à l'oeuvre parmi les croyants.

Dans Matthieu 24:3-44, Jésus entre dans les détails avec ses disciples concernant les faux messies et les faux prophètes qui tromperaient beaucoup de gens avec des histoires sur la fin du monde. Il fait référence au prophète Daniel et à ses avertissements concernant la fin des temps, et il avertit les disciples de ne pas suivre les faux prophètes.

Des enseignants qui feront des miracles et des signes étonnants pour tromper les élus de Dieu. Personne, pas même les anges, ne sait quand le Fils de l'homme reviendra sur les nuées du ciel, dit Jésus.

La plus ancienne incarnation de l'antéchrist est probablement le roi guerrier Gog, qui apparaît dans Ézéchiel et revient dans l'Apocalypse avec son royaume de Magog, signifiant les sbires terrestres de Satan qui attaqueraient le peuple de Dieu dans un dernier grand combat du bien contre le mal. Selon la littérature juive concernant la "fin des temps", les armées de Gog et Magog seront détruites, et le monde sera enfin en paix.

Tout au long de la Bible, l'Antéchrist est le Fils de la Perdition, l'Homme du Péché, l'Homme de l'Injustice, le Prince de la Destruction et la Bête. Ce type est décrit en détail par le prophète Daniel : il s'agirait d'un souverain méchant qui "s'exaltera et s'élèvera au-dessus de tout dieu et tiendra des propos outrageants contre le Dieu des dieux". Mais dans son domaine, il vénérera (secrètement) une divinité des forces et une divinité inconnue de ses ancêtres. C'est ainsi qu'il agira dans sa citadelle avec un nouveau dieu, qu'il reconnaîtra et magnifiera ; il régnera sur beaucoup et divisera le pays pour en tirer profit" (Dan. 11:36-39).

Le roi méchant, l'antéchrist, est lié à dix rois qui lui promettent leur autorité et leur loyauté pour construire un empire éphémère de violence et de ruine dans les prophéties de Daniel et de Jean le Révélateur : "Les dix cornes de ce royaume, ce sont dix rois qui s'élèveront ; et un autre s'élèvera après eux, il sera divers et prononcera de grandes paroles contre le Dieu suprême, il usera les saints du Très-Haut, et il pensera à changer les temps et les lois ; et ils seront livrés entre ses mains pendant trois ans et demi" (Dan. 7:24).

Bien que Jésus ait explicitement déclaré que personne ne connaît l'heure ou le jour de sa seconde venue, les spécialistes chrétiens ont toujours considéré l'accession de l'antéchrist au pouvoir sur terre comme une sorte de catalyseur qui déclenchera l'Armageddon, la bataille finale entre le bien et le mal, l'affrontement ultime entre les armées de Jésus-Christ et celles de Satan. Les chrétiens existent donc depuis des millénaires.

Ils se sont efforcés de trouver l'antéchrist parmi les grands dirigeants brutaux de leur époque, tels que Néron, Napoléon, Hitler, Mussolini et Staline. Les nominations à ce poste ont souvent été influencées par des préjugés politiques ou religieux : le pape est le favori des évangéliques pour ce titre humiliant depuis la Réforme protestante.

Le nombre 666 est associé à l'antéchrist selon Apocalypse 13:18, qui déclare que le nombre de la Bête est 666 et que ce nombre représente une personne. Dans la réalité du premier siècle de Jean, le Révélateur, la Bête qui dominait le globe aurait été Néron, l'empereur de l'Empire romain, et César. En utilisant l'alphabet hébreu, la valeur numérique de "César Néron", l'impitoyable persécuteur des premiers chrétiens, est 666.

Des chercheurs ont révélé le 1er mai 2005 qu'un morceau nouvellement découvert de la plus ancienne copie du Nouveau Testament, datant du troisième siècle, suggère que les copistes ultérieurs se sont trompés : le numéro de la Bête est 616. Selon David Parker, professeur d'études textuelles et de paléographie du Nouveau Testament à l'université de Birmingham en Angleterre, le chiffre 616 est lié à un autre ennemi des premiers chrétiens, l'empereur Caligula.

Ceux qui croient que le nombre 666 est toujours un puissant prédicteur de l'antéchrist continueront à suggérer des prétendants modernes à ce poste. Par exemple, la valeur numérique du nom de Franklin Delano Roosevelt était réputée être 666. Comme il a été président des États-Unis pendant douze ans - pendant la Grande Dépression et la Seconde Guerre mondiale - beaucoup de ses adversaires chrétiens conservateurs ont commencé à le considérer comme l'antéchrist. Même Ronald Wilson Reagan, considéré par de nombreux experts politiques comme l'un des présidents les plus populaires de notre pays, a vu certains critiques lui faire remarquer qu'il avait six lettres dans chacun de ses trois noms - 666.

L'épithète "antéchrist" a été utilisée par tant de personnes dans la culture populaire au cours des dernières décennies qu'elle a perdu beaucoup de sa signification et de son sentiment de menace. Cependant, les chrétiens fondamentalistes qui croient fermement à la Tribulation, à l'Apocalypse, à l'Enlèvement et à la grande bataille finale du bien contre le mal à Harmaguédon croient que le titre d'antéchrist conserve son facteur de peur et que nous devons prêter une attention particulière aux signes et aux avertissements de la Bête tels que prophétisés dans le livre de l'Apocalypse.

MUTILATIONS DE BOVINS

Les extraterrestres mutilent le bétail et leur enlèvent la langue
et les parties génitales pour obtenir des enzymes qui leur permettront
d'exister sur Terre.

Selon plusieurs médecins légistes qui ont examiné des bovins mutilés, dont la langue, les yeux, les oreilles, l'anus, les mamelles et les organes génitaux avaient été enlevés sans qu'une goutte de sang ne soit versée, les outils chirurgicaux traditionnels n'avaient pas été utilisés.

Les coupures semblaient être le produit d'une technologie laser de pointe.

Plusieurs vétérinaires et professionnels de la médecine légale qui ont analysé les étranges mutilations ont caractérisé le sang comme semblant être contaminé.

Il a été drainé sans qu'aucune rupture vasculaire ne soit à déplorer. Malheureusement, la technologie permettant de réaliser un tel exploit n'existe pas sur Terre et, même si elle existait, il faudrait un équipement lourd et étendu pour gérer des créatures pouvant peser plus de 1 500 livres.

Des traces ou des marques de type traditionnel, telles que des empreintes de pneus ou des traces humaines ou animales, n'ont jamais été découvertes près d'un cadavre, selon la plupart des récits de mutilation de vaches ; néanmoins, de nombreux agriculteurs et éleveurs ont affirmé avoir vu les empreintes d'un trépied à proximité.

En outre, plusieurs cas d'ovnis ou d'hélicoptères noirs non identifiés ont été signalés dans la région avant la tragédie.

Ce type de mutilation animale semble être très répandu, les mêmes animaux étant ciblés comme victimes. Selon des rapports émanant d'Argentine en juillet 2002, plus de deux cents bovins ont été découverts vidés de leur sang et amputés de leur langue, de leurs organes, de leur chair et de leur peau par des incisions angulaires et précisément incurvées, depuis la première mutilation signalée en avril. Les agriculteurs argentins ont souvent désigné les équipes d'ovnis comme les mutilateurs les plus probables de leurs troupeaux de bétail.

De nombreux vétérinaires sceptiques, des responsables d'associations d'éleveurs, des pathologistes médico-légaux, des chimistes, ainsi qu'un grand nombre de fonctionnaires et d'agents des comtés, de l'État et de l'administration fédérale, pensent que ces prétendues mutilations sont simplement le résultat de l'exercice de l'une des principales responsabilités de Dame Nature, qui est de garder la campagne propre. Selon ces enquêteurs, les véritables auteurs de ces mutilations sont des prédateurs et des charognards.

Les experts en ovnis rejettent la probabilité que des prédateurs ou des charognards puissent inciser et prélever certains organes de leurs victimes de manière aussi précise. Cependant, la difficulté apparente d'accuser les prédateurs et les charognards est que le reste de l'animal est toujours vivant.

Linda Moulton Howe, l'auteur de Glimpses of Other Realities, est la chercheuse la plus connue en matière de mutilations animales (1998). Elle a recensé des centaines de morts inhabituelles et inexplicables d'animaux en rase campagne, en particulier de bovins et de chevaux, qui présentaient tous des excisions exsangues des yeux, des organes et des parties génitales.

Lorsqu'elle a commencé son intense enquête à l'automne 1979, Howe craignait que l'environnement soit pollué et qu'une agence gouvernementale prélève subrepticement des tissus et des fluides pour les évaluer. Mais

Elle ne comprenait pas pourquoi une organisation gouvernementale opérant en secret pouvait être irresponsable au point de laisser des cadavres de vaches gisant dans des champs ou des pâturages, provoquant la peur et l'indignation des propriétaires des animaux. Les premiers entretiens de Howe ont été menés avec des éleveurs et des représentants des forces de l'ordre, qui lui ont parlé à contrecœur d'observations de disques lumineux autour des mutilations. Certains témoins ont même déclaré avoir vu des êtres d'un autre monde à cet endroit. Cependant, l'enquête qu'elle mène actuellement l'a convaincue qu'il se passe quelque chose d'étrange, qui pourrait impliquer des expériences extraterrestres sur les créatures de la Terre.

Selon certains théoriciens des ovnis et de la conspiration, vers 1954, une organisation fantôme au sein du gouvernement des États-Unis a conclu un accord avec une intelligence extraterrestre autorisant la mutilation d'animaux et les enlèvements d'humains en échange d'une technologie extraterrestre supérieure. Les extraterrestres ont expliqué les mutilations de vaches en disant que leur ascension évolutive avait rendu leur système digestif défectueux. Par conséquent, les extraterrestres seraient mieux à même de survivre sur Terre en consommant une enzyme, ou sécrétion hormonale, plus facilement acquise à partir de langues et de gorges de vaches.

www.ingramcontent.com/pod-product-compliance
Lightning Source LLC
Chambersburg PA
CBHW070526030426
42337CB00016B/2129